RECUEIL

DE PLANCHES,

SUR

LES SCIENCES,

LES ARTS LIBÉRAUX,

ET

LES ARTS MÉCHANIQUES,

AVEC LEUR EXPLICATION.

MARINE

A PARIS,

AVEC APPROBATION ET PRIVILEGE DU ROY.

MARINE,

Contenant 37 Planches fous les N°. 1 à 25, qui par les Planches doubles, triples & quadruples, équivalent à 52.

PLANCHE Iere.

LA figure premiere contient le deffein d'un vaiffeau du premier rang avec fes mâts & vergues, & quelques-uns de fes principaux cordages.

La figure deuxieme contient le deffein d'un vaiffeau de guerre avec toutes fes manœuvres & fes cordages. *Fig.* 1. A la quille. B l'étambord & l'étrave. C le gouvernail. D le voûtis ou la voûte, & revers d'arcaffe. E la galerie. F la frife. G l'épar ou le bâton de pavillon & fon bloc ou chouquet, ou tête de maure. H le deffus de la dunette à l'arriere, ou la dunette. H H château de pouppe ou château d'arriere. J vergue de hunier de recharge. K le demi-pont ou corps-de-garde. C'eft ordinairement la partie qui fe trouve fous le gaillard de l'arriere. L le château d'avant ou de proue. La partie du pont comprife entre les lettres I K, s'appelle *la belle* ou *l'embelle*. M les boiffars ou boffeurs. N l'éperon. O les préceintes ou ceintes. P le canon & les fabords. Q le dogue d'amure. R la maîtreffe ancre, la plus grande & la plus groffe de toutes les ancres du vaiffeau. S les écubiers. T le cable. V la bouée & fon orin. W le mât d'artimon. X le grand mât. Y le mât de mifaine ou d'avant, ou de bourcet. Z mât de beaupré, ou fimplement le beaupré & la bouteille. *a* mât de perroquet d'artimon. *b* grand mât de hune. *c* mât de grand perroquet. *d* mât de hune d'avant. *e* mât de perroquet d'avant. *f* mât de perroquet de beaupré. *g* les girouettes. *h* pavillon du grand mât ou du grand perroquet. *i* pavillon de l'arriere. *k* pavillon de beaupré. *l* vergue & voile d'artimon. *m* vergue de fougue ou de foule. *n* vergue & voile de perroquet de fougue. *o* la grande vergue & la grande voile du grand pacfi. *p* vergue du grand hunier & le grand hunier. *q* vergue du grand perroquet, & voile du grand perroquet, ou le grand perroquet. *r* vergue & voile de mifaine. *s* vergue & voile du petit hunier. *t* vergue & voile du perroquet d'avant. *u* vergue & voile de beaupré, ou la fivadiere. *x* vergue & voile du perroquet de beaupré. *y y* les hunes.

2. Vaiffeau de guerre avec toutes fes manœuvres & cordages. 1 gouvernail. 2 échelles de corde. 3 bouteille. 4 préceintes. 5 Sabords. 6 mantelets des fabords. 7 étrave. 8 taille-mer ou gorgere. 9 guifaux. 10 bras d'erpes. 11 frife de la poulaine. 12 figure de la poulaine. 13 trélingage de beaupré. 14 mât de beaupré. 15 vergue de fivadiere. 16 hune de beaupré. 17 chouquet de beaupré. 18 le perroquet de beaupré. 19 vergue dudit perroquet. 20 bâton du pavillon de l'avant. 21 pavillon de l'avant. 22 pomme de pavillon. 23 étai ou martinet de l'avant. 24 balancine du fufdit perroquet. 25 balancines de fivadiere. 26 bras de ladite fivadiere. 27 porte-aubans. 28 caps de mouton. 29 décolas. 30 liffes. 31 frife ou ornemens. 32 fenêtres. 33 montans de la pouppe. 34 fanaux de l'arriere. 35 bâtons d'enfeigne. 36 enfeigne ou pavillon. 37 pomme du bâton d'enfeigne. 38 mât d'artimon. 39 aubans. 40 enfléchures. 41 hune d'artimon. 42 vergue de fougue. 43 chouquet d'artimon. 44 vergue du perroquet de fougue. 45 perroquet de fougue. 46 chouquet & les croifées dudit perroquet. 47 girouette d'artimon. 48 balancine. 49 marticle d'artimon. 50 étai du perroquet de fougue. 51 balancine de la vergue de foule. 52 bras de la vergue de foule. 53 boulines. 54 bras du perroquet. 55 cargues d'artimon. 56 balancine de la grande vergue. 57 bras du grand hunier. 58 bouline du grand hunier. 59 grande hune. 60 grand mât. 61 grande ver-

gue. 62 chouquet. 63 grand hunier. 64 galaubans d'hunier. 65 balancine du grand hunier. 66 bras du grand perroquet. 67 chouquet du grand perroquet. 68 vergue du grand perroquet. 69 grand perroquet. 70 balancine du grand perroquet. 71 chouquet du grand perroquet. 72 bâton de commandement. 73 pomme du bâton. 74 pavillon de commandement. 75 étai du grand perroquet. 76 bouline du perroquet. 77 étai du grand hunier. 78 bras du petit hunier. 79 balancine du petit hunier. 80 pomme de girouette du petit perroquet. 81 girouette du petit perroquet. 82 chouquet & croifettes du petit perroquet. 83 étai du petit perroquet. 84 balancines de mifaine. 85 mât du petit hunier. 86 chouquet & croifettes du petit hunier. 87 petit perroquet. 88 étai du petit hunier. 89 balancine de mifaine. 90 étai d'hunier de mifaine. 91 bras de l'hunier de mifaine. 92 vergue du petit hunier. 93 chouquet de mifaine. 94 hune de mifaine. 95 mât de mifaine. 96 vergue de mifaine. 97 bouline du petit hunier. 98 balancine de la vergue de mifaine. 99 bouline de mifaine. 100 couet de mifaine. 101 écoute de mifaine. 102 bouline de la grande voile. 103 écoute de la grande voile. 104 étai du grand mât. 105 étai du mât de mifaine. 106 étai d'artimon. 107 vergue d'artimon. 108 bras de la grande voile. 109 écoute d'artimon. 110 ource.

PLANCHE II.

Deffein d'une galere à rame nommée *la Réale*, par M. Belin, Ingénieur de la Marine. Lorfque les galeres faifoient en France un corps féparé de la Marine, la premiere & la principale galere fe nommoit *la Réale*; c'était elle que montoit le Général des galeres; la feconde fe nommoit *la Patronne*.

A la pouppe. B tendelet. C étendard. D efpale. E flammes. F penaux de l'efpale. G pavillon. H arbre de meftre. J troffes. K alepaffes. L pene de meftre. M quart de meftre. N arbre de trinquet. O quart de trinquet. P pene de trinquet. Q alepaffes. R gattes. S filarets. T timon. V éperon. X tambourlet. Y échelle. Z les comites qui commandent aux galeriens. 1 fartis de meftre. 2 courladours de meftre. 3 amans de meftre. 4 veftes de meftre. 5 bragots des oftes. 6 oftes. 7 carnal. 8 anguis. 9 fartis du trinquet. 10 couladours. 11 amans de trinquet. 12 hiffons. 13 bragots des oftes. 14 oftes. 15 carque d'avant. 16 carguettes. 17 orfes à pouppe. 18 écoutes. 19 troffes. 20 forçats ramans. 21 fanal de pouppe.

Ancres.

Au lieu de lettres de renvoi, on a écrit fur la Planche même les noms de chaque partie de l'ancre fur la figure; ce qui eft encore plus intelligible.

PLANCHE III.

Fig. 1. Pouppe d'un vaiffeau de guerre du premier rang. *a* étambord. *b* liffe de hourdi. *c* contre-liffe ou barrel de contre-arcaffe. *d* fabords. *e* mantelet de fabords. *f* architrave. *g* galeries. *h* figures ou termes qui foutiennent les galeries. *i* fenêtres de la dunette. *k* chambres des officiers. *l* chambre du confeil, & chambre du capitaine. M frifes. N couronnement. O miroir ou fronteau d'armes. P fanaux. Q termes qui foutiennent le couronnement du haut de la pouppe. R alonges de pouppe ou tréport.

2. La pouppe de la galere réale. *a* tendelet. B pouppe ou l'arriere. C bandins & bandinets. D timon. *e* échelles.

PLANCHE IV.

La figure premiere de la Planche IV. repréfente la

N°. 8.

* A

coupe d'un vaiſſeau dans toute ſa longueur depuis la pouppe juſqu'à la proue. Et la figure premiere de la Pl. V. repréſente la coupe d'un vaiſſeau dans ſa largeur, pour ſervir à l'intelligence des deſcriptions que l'on a données de toutes les pieces qui entrent dans la conſtruction d'un navire.

Il faut remarquer que les chiffres renvoyent également aux deux différentes figures, où la même piece eſt marquée du même chiffre, lorſqu'elle eſt vue dans l'une & l'autre coupes, mais dans une ſituation différente; ce qui a déterminé à annoncer ici avec l'explication de la fig. 1. de la Pl. IV. celle de la fig. 1. de la Pl. V.

1 Quille. 2 brion ou ringeau. 3 étrave. 4 étambord. 5 contre-quille. 6 contre-étrave. 7 contre-étambord. 8 courbe d'étambord. 9 liſſe de hourdi. 10 barre de pont. 11 barres d'arcaſſe. 12 cornieres. 13 varangues de fond. 14 varangues aculées. 15 demi-varangues. 16 fourcas de l'avant. 17 fourcas de l'arriere. 18 pieces de rempliſſage. 19 premieres alonges. 20 ſecondes alonges. 21 alonges de revers. 22 carlingue. 23 marſouins. 24 porques de fond. 25 porques aculées. 26 demi-porques. 27 genoux de porques. 28 premieres alonges de porques. 29 deuxiemes alonges de porques. 30 éguillettes de porques. 31 fond de cale. 32 vaigres horizontales. 33 vaigres obliques. 34 écarlingue du grand mât. 35 écarlingue du mât de miſaine. 36 guirlandes. 37 fourcas de liaiſon. 38 faux baux. 39 étancet du fond de cale. 40 foſſe aux lions. 41 barot du plancher de la foſſe aux lions. 42 foſſe aux cables. 43 traverſins de marche-pié de la foſſe aux cables. 44 chambre aux voiles. 45 barot du plancher de la chambre aux voiles. 46 foute du chirurgien. 47 parquet de boulets. 48 montant du parquet. 49 grande archipompe. 50 montant de la grande archipompe. 51 pompes. 52 plancher du maître valet. 53 grande cloiſon des foutes. 54 montans de la grande cloiſon des foutes. 55 foute aux poudres pour y mettre les barils à poudre. 56 caiſſons à poudre pour les gargouſſes. 57 traverſins du marche-pié des foutes aux poudres. 58 archipompe ou lanterne d'artimon. 59 montans de l'archipompe d'artimon. 60 barot pour le plancher des foutes au pain. 61 foutes au pain. 62 couvroir des foutes. 63 écoutille aux poudres. 64 écoutille pour paſſer les gargouſſes pendant le combat. 65 foute du capitaine. 66 foute du canonnier. 67 carlingue du grand cabeſtan. 68 ferre-bauquieres du premier pont. 69 baux du premier pont. 70 courbes de fer du premier pont. 71 galoches des courbes. 72 barotins du premier pont. 73 arcboutans du premier pont. 74 gouttieres du premier pont. 75 ferre-gouttieres du premier pont. 76 contre-ferre-gouttiere du premier pont. 77 iloires du premier pont. 78 bordage du premier pont. 79 grande écoutille. 80 écoutille aux cables. 81 écoutille aux vivres. 82 écoutille aux poudres. 83 écoutille de la foſſe aux lions. 84 écoutille de la foute du canonnier. 85 carlingue d'artimon. 86 bittes. 87 traverſin de bittes. 88 coiſſin de bitte. 89 taquet de bitte. 90 la gatte. 91 courbaton formant la gatte. 92 chambre de beaupré. 93 montans de la chambre de beaupré. 94 billot d'appui du mât de beaupré. 95 écubier. 96 grand ſep de driſſe. 97 ſep de driſſe de miſaine. 98 grands ſeps d'écoute. 99 ſeps d'écoute du petit hunier. 100 traverſins des ſeps d'écoute. 101 courbatons aux piés des ſeps d'écoute. 102 grand cabeſtan. 103 petit cabeſtan. 104 carlingue du petit cabeſtan. 105 élinguets de cabeſtan. 106 carlingue d'artimon. 107 ſainte-barbe. 108 cloiſon de la ſainte-barbe. 109 courbier d'arcaſſe. 110 étances d'entre deux ponts. 111 échelles d'artimon. 112 échelles du milieu. 113 montans de revers. 114 montans du couronnement. 115 cordon de la voûte. 116 cordon du couronnement. 117 bordage du vaigre entre deux ponts. 118 ferre-bauquieres du ſecond pont. 119 baux du ſecond pont. 120 barotin du ſecond pont. 121 courbes de fer du ſecond pont. 122 ferre-gouttieres du ſecond pont. 123 arcboutans du ſecond pont. 124 iloires du ſecond pont. 125 bordage du ſecond pont. 126 caillebotis du ſecond pont. 127 entremiſes du ſecond pont, au milieu entre les caillebotis. 128 barot du coltis. 129 marche-pié du coltis. 130 montans du coltis. 131 liſſe du coltis. 132 office. 133 cuiſine. 134 four. 135 étances

des gaillards. 136 habitacle. 137 grand'chambre, ou chambre du conſeil. 138 chambre du capitaine en ſecond. 139 galerie. 140 bordages de vaigrage. 141 ferre-bauquieres des gaillards. 142 barots des gaillards. 143 barotins des gaillards. 144 gouttieres des gaillards. 145 iloires des gaillards. 146 bordages des gaillards. 147 caillebotis des gaillards. 148 entremiſes du gaillard derriere, au milieu entre les caillebotis. 149 montans du fronteau du gaillard. 150 liſſe du fronteau de gaillard. 151 barots de la dunette. 152 ferre-bauquieres de la dunette. 153 chambre. 154 cabane pour les pilotes. 155 carlingue du bâton de pavillon. 156 chouquet pour le bâton de pavillon. 157 corridor. 158 échelles. 159 courbatons du corridor. 160 courroir des chambres. 161 gabord. 162 bordages du fond. 163 premieres préceintes. 164 ſecondes préceintes. 165 troiſiemes préceintes. 166 quatriemes préceintes. 167 premiere liſſe de vibord. 168 ſeconde liſſe de vibord. 169 liſſe de herpe ou carreau. 170 platbord. 171 bordages entre les ſabords de la premiere batterie. 172 bordages entre les ſabords de la ſeconde batterie. 173 boſſoir. 174 porte-boſſoir. 175 gouvernail. 176 ſafran de gouvernail. 177 barre de gouvernail ou gouſſet. 178 taquet de gouſſet. 179 tamiſe ou demi-lune. 180 noix ou hulo. 181 manuelle. 182 ferrure du gouvernail. 183 fleche d'éperon. 184 équilles d'éperon. 185 friſe. 186 courbe capucine ou gibelot. 187 alonge de gibelot. 188 porte-vergues. 189 courbatons de porte-vergue. 190 vaigre de caillebotis d'éperon. 191 caillebotis d'éperon. 192 traverſins d'éperon. 193 gorgere ou taillemer. 194 courbe de la poulaine. 195 herpes. 196 couronnement. 197 ſabords de la premiere batterie, au nombre de dix de chaque côté. 198 ſabords de la ſeconde batterie, au nombre de onze de chaque côté. 199 grand mât. 200 mât de miſaine. 201 mât de beaupré. 202 mât d'artimon. 203 pieces de rempliſſage au pié du grand mât. 204 pieces de rempliſſage au pié du mât de miſaine. 205 étambraies du grand mât au premier pont. 206 étambraies du grand mât au ſecond pont. 207 étambraie du mât de miſaine au premier pont. 208 étambraie du mât de miſaine au ſecond pont. 209 étambraie du mât de miſaine au château d'avant. 210 étambraie du mât de beaupré. 211 étambraie du mât d'artimon. 212 ligne d'eau, la frégate étant à ſa charge, & à quatre piés ſix pouces de batterie au milieu.

2. Coupe d'une galere dans ſa longueur. A la carene ou quille. B l'éperon. C la chardonniere. D le tolard des malades. E caiſſe du chirurgien. F chambre de proue, cordages. G chambre de voiles. H l'arbre de maître. I la taverne. K la foute aux poudres. L le payol, pain & légumes. M compagnes, vin & viandes. N l'eſcandala proviſions du capitaine. O la chambre du conſeil. P le gavon. Q le timon. R timoniere. S la guerite & la pouppe. T l'eſpale. V la ſainte-barbe. X les moiſſelas. Y les anguilles du courſier. Z le tambourlet. & le rambade.

PLANCHE V.

Fig. 2. Deſſein d'une machine appellée *le chameau*, dont on ſe ſert à Amſterdam pour ſoulever un vaiſſeau & le faire paſſer dans les endroits où il n'y a pas aſſez d'eau pour ſon tirant. 1 le devant du chameau. 2 guidon ou virevaux, avec leurs barres qui traverſent l'eſſieu; les Hollandois les nomment *vindas*, mais improprement. 3 pompes pour pomper l'eau qu'on fait entrer. 4 dales ou conduits pour faire entrer l'eau, & qu'on bouche avec des tampons. 5 le gouvernail. 6 les tremues par où on fait paſſer les cordes depuis le tillac juſqu'au fond du chameau, d'où elles ſortent par les trous qui ſont au bout de ces tremues. 7 trous par où ſortent les cordes, qui de-là paſſent par-deſſous la quille du navire. 8 l'arriere du chameau. 9 comment le vaiſſeau eſt enlevé par le chameau, pour paſſer juſqu'aux endroits où il y a une profondeur d'eau ſuffiſante pour continuer ſa route vers le Texel, ou dans le port d'Amſterdam.

L'explication de la *fig.* 1. de cette Pl. V. coupe d'un vaiſſeau dans ſa largeur, ſe trouve dans l'explication de la *fig.* 1. de la Pl. IV. coupe d'un vaiſſeau dans ſa longueur.

PLANCHE VI.

Contenant différentes pièces détachées qui entrent dans la conſtruction des Vaiſſeaux.

Fig. 1. Accotar ou acotar ; c'eſt une piece de bois que l'on endente entre les membres , ſur le haut du vaiſſeau , afin d'empêcher que l'eau n'y tombe & ne les pouriſſe.

2. Aiguille de l'épéron.

3. Alonge premiere , ou alonge de migrenier ; toute alonge eſt une piece de bois dont on ſe ſert pour en alonger une autre.

4. Alonge ſeconde ; c'eſt celle qui ſe place au - deſſus de la premiere , & qui s'empatte avec le bout du haut du genou de fond.

5. Alonge troiſieme ou alonge de revers.

6. Gabarit de trois alonges ; ce ſont les trois alonges l'une ſur l'autre , qui forment les côtes dans les côtés du vaiſſeau.

7. Alonges de pouppe , de trépot ou de tréport , cormieres ou corniERES.

8. Barots ou baux.

9. Barots du pont d'en-haut.

10. Barotins ou lattes à baux.

11. 12. Barotins d'écoutilles , demi-baux ou demi-barots.

13. Poulies de caliourne.

14. Poulie de palan.

15. Poulie ſimple ; c'eſt une mouffle où il y a ſeulement une poulie.

16. Poulie commune.

17. Clé des eſtains ou contrefort.

18. Le ſep de driſſe d'artimon, dont les parties doivent avoir huit pouces de large, avec des cordages proportionnés.

19. Sep de driſſe, bloc d'iſſas, ou roc d'iſſas, marmot ; c'eſt une groſſe piece de bois quarrée que l'on met debout ſur la carlingue, d'où elle s'éleve ſur le pont.

20. La hune.

21. Poulie coupée ou à dents ; c'eſt une poulie qui à ſa mouffle échancrée d'un côté, pour y paſſer la bouline quand il eſt beſoin de la haler.

22. Etambrai du grand mât.

23. Liſſe de vibord ou carreau.

24. Liſſes.

25. Mantelet ou contre-ſabord.

26. Doublure du mantelet qui doit être un peu plus mince que le deſſus.

27. Ecoutille à huit pans , ou écoutille du mât ; c'eſt un aſſemblage de pluſieurs petites pieces de bois plates, qui ont la figure d'un octogone. On couvre cette écoutille d'une braie , & elle ſert à couvrir l'étambrai de chaque mât ſur le pont.

28. La carlingue du pié du mât de miſaine.

29. La grande carlingue ou l'écarlingue du pié du grand mât.

30. Barres d'arcaſſe , contre-liſſe, barres de contre-arcaſſe.

31. Ceintes ou préceintes.

32. Carlingue.

33. Serre-bauquieres.

34. & 35. Bordages pour recevoir les ponts.

36. Premier bordage de l'eſquain, qui ſe poſe ſur la liſſe de vibord ; il eſt plus épais que le reſte de l'eſquain.

37. Bordage d'entre les préceintes ou couples ; ce ſont les deux pieces de bordage qu'on met entre chaque préceinte : elles ſe nomment auſſi *fermetures* ou *fermures*.

38. Bordage, franc-bord , ou franc-bordage.

39. Faix de pont ; ce ſont des planches épaiſſes & étroites, qui ſont entaillées pour mettre ſur les baux dans la longueur du vaiſſeau, depuis l'avant juſqu'à l'arriere, de chaque côté, à-peu-près au tiers de la largeur du bâtiment.

40. & 41. Figures des bittes. La *fig.* 40. repréſente les bittes telles qu'on les voit de l'arriere. *b b* les piliers ou les bittes. *c c* la tête des piliers. *d d* les trous qui ſervent à paſſer de groſſes chevilles de fer , lorſque le cable eſt ſur les bittes , pour l'arrêter. *e* le traverſin. *ff* trous ſous le traverſin. *g g* le pont. La *fig.* 41. repréſente les bittes du côté de l'avant, afin de faire voir les courbes qui ne paroiſſent pas du côté de l'arriere. *b b* les branches ſupérieures des courbes. *c c* les branches inférieures des courbes.

42. Piliers de bittes.

43. Carlingue du cabeſtan.

44. Liſſe de hourdi.

45. & 46. Porques de fond.

47. Serre-gouttieres.

48. Eguillettes.

49. Platbords.

50. Feuillets de ſabord , ou feuillets d'en-bas.

51. Traverſe d'en-haut qui appuie ſur les deux montans , & dans laquelle entre la ſerrure ; quelques-uns l'appellent auſſi *feuillet*.

52. Vaigres d'empatture des varangues & des genoux.

53. Traverſin du château d'avant, où il y a des bittons *a b* pour lancer des manœuvres.

54. Fargues ou fardes. Les bittons *a b* ſervent à mettre les cordages pour tenir les fargues avec l'embelle ſur laquelle ils ſont placés.

55. Jouttereaux ou jottereaux.

56. Gorgere.

57. L'étrave.

58. Eſtains.

59. Revers de l'éperon.

60. Varangues plates ou varangues de fond.

61. Genoux de revers.

62. Genoux de fond.

63. Genoux de porques.

64. Contre-étrave.

65. Varangues aculées.

66. Contre-étambord.

67. Courbatons de l'éperon.

68. Courbes du premier pont.

69. Courbes, ou plutôt courbatons du haut pont.

70. Courbes d'arcaſſe.

71. Boſſoirs ou boſſeurs.

72. Courbes de la clé des eſtains.

73. Fourques ou fourcas.

74. Le gouvernail.

75. Etambord. *Voy.* le mot ÉTAMBORD. *a b* eſt la queſte ou la ſaillie de l'étambord. *a c* ſa hauteur. *b e* ſa largeur par le bas. *e f* ſa largeur par le haut. *g b* la longueur du faux étambord. *h* la rablure, ou cannelure pour recevoir le bout des bordages des ceintes. *b d* l'extrêmité de la quille , ſa queſte & ſon épaiſſeur. *o e* contre - étambord. *k* tenon qui entre dans une mortoiſe, afin que la partie extérieure de l'étambord s'entretienne mieux avec l'extrêmité de la quille.

76. Caillebotis.

PLANCHE VII.

Plan général d'un arſenal de marine , avec les différentes parties qui le compoſent.

A le baſſin. B la porte d'entrée. C la darce. D chaine. E entrée du canal qui conduit dans le parc. F quai. G place pour les groſſes ancres. H où l'on peut conſtruire dix navires en même tems, & y mettre les bois pour les conſtructions. I la ſalle aux armes au-deſſous des magaſins. K fabrique pour les étoupes. L boulangerie. M divers atteliers & magaſins particuliers. N Hangards pour mettre les barques longues à couvert. O lieu pour faire le biſcuit. P hangard regnant le long de ce quai pour mettre les chaloupes à couvert. Q canal où les chaloupes arrivent pour ſe mettre à couvert. R place pour travailler aux affûts de canon. S lieu pour retirer les poudres. T hangard pour mettre les futailles. V magaſins pour les pots à feu , les grenades , & autres artifices. X magaſins de déſarmement pour les vaiſſeaux. Y lieu deſtiné pour la fonderie. Z magaſins pour peigner les chanvres. & la grande corderie. *a* cour. *b* baſſe-cour. *c* hangard pour conſtruire à couvert. *d* divers magaſins & atteliers. *e* place pour ranger l'artillerie de fonte au déſarmement des vaiſſeaux. *f* bâtiment pour loger les officiers. *g* place pour l'étuve & goudronner les cables. *h* hangard pour les grands mâts. *i* place pour travailler à la mâture. *k* divers magaſins. *l* magaſins particuliers. *m* la ſalle aux voiles. *n* boutiques & magaſins. *p* place pour ſéparer l'arſenal de la ville. *q* hangards & magaſins. *r* quai pour mettre les canons de fer.

PLANCHE VIII.

Vue d'un chantier de conſtruction avec ſa chambre.
A l'entrée du chantier & la porte du côté de la mer. B le port. C ouverture & premier baſſin pour recevoir l'eau de la mer montante. D entrée de la chambre du côté de la mer. E plancher ou fond de la chambre plus bas que le niveau de la mer. F pieces de bois endentées qu'on nomme *Colombiers*. G piece de bois ſur laquelle on poſe la quille du vaiſſeau. R épontilles pour ſoutenir les colombiers de droite & de gauche. I banquette qui regne autour de la chambre où ſe conſtruit le vaiſſeau, pour la commodité des ouvriers. K les tins ſur leſquels ſont poſés la quille du vaiſſeau. L eſpontilles ou épontilles pour ſoutenir le corps du vaiſſeau droit ſur le chantier. M corps du vaiſſeau ſur le chantier. N eſcaliers pour deſcendre dans la chambre.

PLANCHE IX. & ſuite de la Planche IX.

Plan des formes bâties à Rochefort pour la conſtruction des vaiſſeaux du roi.
Les noms des parties ſont gravés en lettres ſur ces deux Planches.

PLANCHE X.

Plan d'une étuve avec ſes dépendances, pour goudronner les cables & cordages.
a porte d'entrée. *b* cour. *c* eſcaliers. *d* voûtes au-deſſus deſquelles on paſſe le cordage dans l'étuve pour y être ſéché, & le deſſous ſert pour mettre le feu dans deux des quatre fourneaux de cette étuve. *e* fourneau de fer. *f* étuves à chauffer le cordage quand il eſt paſſé dans le goudron. *h* voûte au-deſſus de laquelle eſt une plateforme, d'où l'on tire le cordage hors de l'étuve pour le paſſer dans la chaudiere, & le deſſous ſert pour mettre le feu dans les fourneaux de l'étuve & de la chaudiere. *i* fourneaux au-deſſus deſquels eſt la chaudiere. *k* plateforme baſſe entre les deux chaudieres pour la commodité du travail, & pour recueillir le cordage après qu'il a été goudronné.
Voyez la Pl. XI. les vues & profils de l'étuve & ſes travaux.

PLANCHE XI.

Vue & profil de l'étuve pour goudronner les cordages relatifs au plan de cette étuve, Planche X.
A chaudiere. B fourneau. C autre fourneau. D D D cheminée. E lieu où ſe mettent les fourneaux pour ſécher le cordage. F premier grillage de l'étuve où l'on met ſécher partie du cordage. G ſecond grillage de l'étuve où l'on met ſécher partie du cordage. H plateforme entre les deux chaudieres, pour recueillir le cordage après qu'il a été goudronné. I profil du grillage. K grillage où ſe recueille le cordage quand il a paſſé dans le goudron.

PLANCHE XI. *bis.*

Plan & coupe d'une étuve dont on ſe ſert en Hollande pour goudronner les cables.
A eſpece de chambre où il y a quatre fourneaux pour faire du feu. B porte d'entrée. C fourneaux. D plaques de fer pour empêcher la trop grande chaleur des fourneaux. E endroits pour chauffer les fourneaux; on les ferme avec des portes de fer. F endroit où l'on place les cables pour les chauffer. G endroit pour le

même uſage. H tuyau pour laiſſer évaporer la vapeur. I galerie pour s'approcher des fourneaux & des endroits qui chauffent la grande chaudiere remplie de goudron. K galerie du ſecond étage où eſt la porte de la grande étuve. L galerie du troiſieme étage. M grande chaudiere remplie de goudron. N treillis ou grillage de bois pour mettre les cables. O barres de fer pour le ſoutien de la chaudiere. Porte pour faire le feu qui chauffe la chaudiere. Q cheminée. R treillis pour laiſſer ſécher les cables qui s'égouttent. S treillis pour lever les cables du fond de la chaudiere.

PLANCHE XII.

Fig. 1. Boïer, eſpece de bateau ou chaloupe à varangues plates, mâté en fourche, avec deux ſemelles. A mât de beaupré. B le grand mât. C vergue en fourche. D petit mât d'artimon. E le gouvernail. F la barre du gouvernail. G ſemelle. H chambre du capitaine. I chambre de proue où ſont les cabanes & la cuiſine. K chambre de l'arriere.

2. Buche ou flibot, petit bâtiment dont les Hollandois & les Anglois ſe ſervent pour la pêche du hareng. A le mât de beaupré amené ſur le pont. B le grand mât poſé ſur ſon chandelier. C le mât d'artimon. D bâton du pavillon. E le filet pour la pêche. F chandeliers pour porter les mâts, lorſqu'ils ſont amenés ſur le pont. G chambre à l'arriere. H chambre à l'avant où l'on place la cuiſine.

PLANCHE XIII.

Fig. 1. Hourque ou houcre, petit bâtiment inventé par les Hollandois pour naviguer dans leurs canaux. A gouvernail. B le timonier. C mât d'artimon. D vergue de fougue & ſa voile carguée. E grand mât. F la vergue. G grande voile de ferlée. H l'ancre.

2. Yacht ou yac, petit bâtiment ponté & mâté, qui tire fort peu d'eau, & qui eſt bon pour de petites traverſées. A l'éperon. B la pouppe. C gouvernail. D fanal. E bâton de pavillon. F girouette. G chambre à l'arriere. H ſabords. I ſemelle. K la corne. L le grand mât. M bout de beaupré. N voiles ferlées.

PLANCHE XIV.

Fig. 1. Petit bâtiment Hollandois nommé *Cagne*. A étrave. B étambord. C gouvernail. D barre du gouvernail. E ceintes. F ſemelle. G le mât. H cornet du mât. I le baleſton. K couvert de l'arriere. L bau au bout de la couverte de l'arriere. M la liſſe.

2. Semale ou ſemaque, petit bâtiment dont ſe ſervent les Hollandois & les Flamands pour le commerce d'une ville à l'autre. A l'avant. B la pouppe. C le mât. D la vergue. E le pavillon. F F les ancres. G cabane ou chambre de l'arriere. H le cable roulé. I ſemelle.

PLANCHE XV.

Fig. 1. Relative à la maniere de connoître la dérive. Les noms des parties ſont gravés ſur la Planche. *Voyez* l'article DÉRIVE.
2. Flûte.

PLANCHE XVI.

Deſſein de deux grands Gabarits du milieu, avec toutes leurs pieces miſes en place.

Fig. 1. Premier gabarit. *a* courbe du premier pont. *b* courbaton du haut pont. *c* ſerre-gouttiere. *d* un dalot. *e* un faix de pont. *f* bordages qui couvrent le pont. *g* traverſin de l'affût. *h* le bau. *i* roue de l'affût. *k* les alonges. *l* un genou de fond. *m* genoux de fond que l'on empatte avec les premieres alonges & avec les varangues.

2. Second gabarit. *a* la quille. *b* le plafond. *c* varangue qui traverſe la quille & ſur-tout le fond. *d* alonge

qui

qui forme le creux & la largeur du vaiſſeau. *e* alonge de revers. *f* ferre-bauquiere dans laquelle les baux font entés. *g* la vaigre au-deſſus de la ferre-gouttiere, ou la vergue d'empature des alonges. *h* bau du premier pont. *i* franc-bord entre les fleurs, ou la plus baſſe préceinte. K ce font les fleurs. L les fermures, couples ou bordages entre les préceintes. M préceintes avec leurs avances en dehors. N liſſe de vibord. O un bau de haut pont. P une aiguillette. Q vaigre d'empature des genoux & des varangues. R vaigres de fond. S carlingue. T affût de bord. V la planche qui aide à former les anguilleres, & qui les couvre. W la rablure ou le jarlot de la quille où entre le gabord. X eſt la ligne qui marque la largeur entiere du vaiſſeau dans fon gros.

Suite de la Pl. XVI. Chaloupe d'un grand Vaiſſeau.

Fig. 1. 2. 3. 4. où les mêmes lettres font employées pour déſigner les mêmes parties vues différemment. *a* les varangues. *b* les genoux du fond. *c* les carlingues. *d* les ferre-bauquieres. *e* bancs ou les toſtes pour aſſeoir les matelots qui rament. *f* le tillac ou le banc de l'avant de la chaloupe. *g* bancs qui font joints autour de l'arriere en dedans, pour la commodité de ceux qui y font. Il y a auſſi en arriere un petit réſervoir pour placer pluſieurs uftenfiles. *h* le plancher ou le fond de la chaloupe. *i* les pieces de bois qui font le haut ou le bord des côtés de la chaloupe, ce qu'on appelle *le carreau*. *k* les taquets avec leurs échomes, pour conſerver les carreaux contre le frottement de la rame. *l* l'encaſtillage ou la griffe, & la liſſe de vibord. *m* le couronnement de la chaloupe. *n* les petits courbatons pour affermir les bancs du devant & de l'arriere. *o* bourlet ou rouleau de défenſe, pour défendre l'étrave du choc des autres bâtimens. *p* chevilles pour prendre les femelles ou dérives. *Voyez* SEMELLE. *q* trou dans la carlingue, avec une encoupure dans le banc pour planter le mât lorſqu'on veut aller à la voile. *r* défenſes de bouts de cables, qu'on laiſſe pendre le long des flancs de la chaloupe, pour les conſerver contre le choc des bâtimens, qui pourroit les incommoder. *s* le bâton du pavillon. *t* le gouvernail. *v* l'avant de la chaloupe à l'étrave. *x* l'arriere de la chaloupe & l'étambord.

PLANCHE XVII.

Des Pavillons que la plupart des nations arborent en mer.

Fig. 1. Pavillon royal de France; il eſt blanc femé de fleurs de lis d'or, chargé des armes de France, entouré des colliers de l'ordre de S. Michel & du S. Eſprit, & deux anges pour fupport.

2. Etendard royal des galeres de France; il eſt rouge femé de fleurs de lis d'or, chargé des armes de France, entourées des colliers des ordres de S. Michel & du S. Eſprit.

3. Autre étendard des galeres de France; il eſt fendu & de trois bandes rouge, blanche & rouge, la blanche chargée d'un écuſſon en ovale des armes de France.

4. Pavillon des vaiſſeaux de Roi; il eſt blanc.

5. Pavillon des marchands françois; il eſt rouge femé de fleurs de lis d'or, chargé des armes de France.

6. Pavillon des marchands françois fuivant l'Ordonnance de 1689; il eſt bleu traverſé d'une croix blanche, chargé des armes de France, entourées des colliers des ordres de S. Michel & du S. Eſprit.

7. Autre pavillon des marchands françois; il eſt de fept bandes mêlées à commencer par la plus haute blanche, bleue, ainſi de fuite.

8. Pavillon de Normandie, il eſt mi-parti bleu & blanc.

9. Pavillon de Provence, il eſt blanc traverſé d'une croix bleue.

10. Pavillon de la ville de Marſeille; il eſt blanc, au

N°. 8.

franc-quartier d'azur, chargé d'une croix blanche.

11. Pavillon de la ville de Calais; il eſt bleu traverſé d'une croix blanche.

12. Pavillon de la ville de Dunkerque; il eſt blanc, au franc-quartier d'azur, chargé d'une croix blanche.

13. Autre pavillon de Dunkerque; il eſt de fix bandes mêlées à commencer par la plus haute, blanche, bleue, ainſi de fuite.

14. Autre pavillon de Dunkerque; il eſt blanc au franc-quartier, chargé d'une croix rouge.

15. Pavillon royal d'Eſpagne; il eſt blanc, chargé des armes du royaume, qui porte coupé le chef parti au premier, écartelé de Caſtille & de Leon, au fecond d'Arragon, contre-parti d'Arragon, & de Sicile, le parti enté en pointe de Grenade, & chargé au point d'honneur de Portugal, la partie de la pointe écartelée au premier d'Autriche, au deux de Bourgogne moderne, au trois de Bourgogne ancien, au quatre de Brabant, fur le tout d'Anjou, l'écu entouré de l'ordre de la Toiſon d'or.

16. Autre pavillon royal d'Eſpagne; il eſt blanc, chargé des armes du roi, qui font écartelées de Caſtille & de Leon, fur le tout d'Anjou, l'écu entouré des ordres de S. Michel, du S. Eſprit & de la Toiſon d'or.

17. Pavillon efpagnol; il eſt plein des armes du royaume, comme ci-deſſus, *fig.* 15. ayant de plus la partie d'en-bas entée en pointe, parti de Flandre & du Tirol.

18. Pavillon de Caſtille & de Leon; il eſt blanc, chargé d'un écuſſon écartelé de Caſtille & de Leon; c'eſt auſſi le pavillon que portent les galeres d'Eſpagne qui tiennent le premier rang.

19. Pavillon des galions d'Eſpagne; il eſt de trois bandes, à commencer par la plus haute rouge, blanche & jaune; la blanche chargée d'un aigle noir couronné & entouré de l'ordre de la Toiſon d'or.

20. Pavillon particulier d'Eſpagne; il eſt de trois bandes, celle d'en-haut rouge, celle du milieu jaune, & çelle d'en-bas bleue.

21. Autre pavillon particulier d'Eſpagne; il eſt de trois bandes, rouge, blanche & jaune.

22. Pavillon de la ville de Barcelone; il eſt bleu, chargé d'un moine vêtu de noir, tenant un chapelet.

23. Pavillon de la province de Galice; il eſt blanc, chargé au milieu d'un calice ou coupe couverte d'or, accompagné de fix croix rouges, trois de chaque côté.

Suite de la Planche XVII.

24. Pavillon royal de Portugal; il eſt blanc, chargé des armes du royaume, qui font d'argent, à cinq écuſſons d'azur mis en croix, chargés chacun de cinq befans d'argent en fautoir à l'orle de gueules, chargé de fept tours d'or.

25. Pavillon blanc de Portugal; il eſt blanc, chargé d'une fphere célefte d'or, furmontée d'une fphere du monde d'azur, avec un horizon d'or & une croix de pourpre au-deſſus: ce pavillon & les deux fuivans font ceux que portent les vaiſſeaux qui vont aux Indes.

26. Autre pavillon blanc de Portugal; il eſt chargé d'une fphere célefte de pourpre, avec deux croix de gueules au côté, & d'une de même au-deſſus, placée fur une fphere du monde d'azur avec un horizon d'or, & au milieu de la fphere célefte eſt une autre fphere du monde d'azur fur un pilier d'or.

27. Autre pavillon blanc de Portugal; il eſt chargé à feneſtre des armes du royaume, comme ci-deſſus, *fig.* 24. & au milieu eſt une fphere célefte de pourpre, furmontée d'une fphere du monde d'azur avec un horizon d'or & une croix de gueules au-deſſus, foutenue par un pilier d'or, accotté des deux côtés d'une boule d'or, & à dextre du pavillon eſt un moine vêtu de noir, tenant une croix de gueules de la main droite, & un chapelet de la gauche.

Fig. 28. Pavillon de guerre de Portugal ; il eſt bleu, chargé d'un écuſſon de gueules à la croix d'argent, & une bordure de même, l'écu ſurmonté d'une couronne royale.

29. Pavillon de Portugal ; il eſt de dix-ſept bandes, allant de ſeneſtre à dextre, à commencer par la dextre, bleue, rouge, blanche, ainſi de ſuite, une croix noire brochant ſur le tout, au franc quartier, chargé d'une croix blanche.

30. Pavillon des marchands Portugais ; il eſt de ſept bandes, à commencer par la plus haute, verte, blanche, ainſi de ſuite.

31. Pavillon de port-à-port en Portugal ; il eſt d'onze bandes, dont les ſix premieres, à commencer par la plus haute, ſont vertes, & les cinq autres blanches.

32. Pavillon royal d'Angleterre ; il eſt blanc, chargé d'un écuſſon aux armes du roi Guillaume III. prince d'Orange, qui ſont parti coupé, écartelées au premier quartier Naſſau, au ſecond Latzenellebogen, au troiſieme Vianden, au quatrieme Dietz, ſur le tout de Châlons écartelé d'Orange, ſur le tout du tout Geneve, & ſur le tout du premier & ſecond quartier eſt Meurs, & celui du troiſieme & quatrieme eſt Buren ; l'autre partie eſt écartelée au premier & quatrieme contre-écartelée de France & d'Angleterre, au ſecond d'Ecoſſe, & au troiſieme d'Irlande, ſupport un lion à droite, d'or, couronné de même, à gauche une licorne d'argent ayant une couronne d'or autour du cou, d'où pend une chaîne de même, l'écuſſon ſurmonté d'une couronne rehauſſée de quatre croix pattées & de quatre fleurs de lis, le tout d'or ; pour deviſe au-deſſus il y a en anglois : *Pour la Religion Proteſtante & pour la Liberté d'Angleterre* ; & au-deſſous : *Je maintiendrai*. La flamme qui eſt au-deſſus eſt chargée d'un écuſſon d'argent à la croix de gueules : lorſque cette flamme eſt arborée au-deſſus du pavillon, c'eſt la marque d'un amiral-général.

33. Pavillon de Georges premier, roi d'Angleterre ; il eſt plein, écartelé au premier parti d'Angleterre & d'Ecoſſe, au quatrieme parti de Brunſwic & Lunebourg, enté de gueules au cheval galopant d'argent, ſur le tout d'Hanovre, au ſecond de France, au troiſieme d'Irlande.

34. Pavillon du roi d'Angleterre ; il eſt blanc, chargé des armes du roi, qui ſont écartelées au premier de gueules à trois léopards d'or de l'un ſur l'autre, armés & lampaſſés d'azur qui eſt Angleterre, au quatrieme d'azur à la harpe d'or qui eſt d'Irlande, au ſecond d'or au lion de gueules, enfermé dans un double treſcheur fleurdeliſé & contre-fleurdeliſé de même qui eſt d'Ecoſſe, au troiſieme d'azur à trois fleurs de lis d'or qui eſt de France, l'écuſſon ſurmonté d'une couronne, rehauſſée de quatre crois pattées & de quatre fleurs de lis, diadêmé de huit diadêmes, ſupportant un globe ſurmonté d'une croix pattée, le tout d'or ; l'écu eſt entouré de l'ordre de la Jarretiere qui eſt bleu, bouclé d'or ; ſur ladite jarretiere eſt brodé en or *Honny ſoit qui mal y penſe*.

35. Pavillon de l'union d'Angleterre ; il eſt rouge, & chargé en anglois des mots *Pour la Religiou Proteſtante & pour la Liberté d'Angleterre*.

36. Nouveau pavillon de l'union ; il eſt rouge, au franc-quartier bleu, chargé d'une croix rouge à la bordure blanche, brochant ſur un ſautoir de même.

37. Pavillon d'amiral d'Angleterre ; il eſt rouge, chargé d'une ancre d'argent miſe en pal, entalinguée & entortillée d'un cable de même. Lorſque les armées navales d'Angleterre ſont diviſées en trois eſcadres & en neuf diviſions, chaque eſcadre a ſon amiral, & chaque amiral a ſon pavillon, qui donne le nom à l'eſcadre ; la premiere eſt la rouge, la ſeconde la blanche, la troiſieme la bleue ; le pavillon de la blanche eſt blanc, au franc-quartier chargé d'une croix rouge ; celui de la bleue eſt bleu, au franc-quartier chargé d'une croix rouge.

38. Nouveau pavillon d'amiral d'Angleterre ; il eſt rouge, chargé d'une ancre d'argent miſe en face, entalinguée & entortillée d'un cable de même.

39. Pavillon rouge d'Angleterre ; il eſt rouge, au franc-quartier d'argent, chargé d'une croix rouge.

40. Pavillon de la nouvelle Augleterre ; il eſt bleu, au franc-quartier d'argent, chargé d'une croix rouge, cantonnée au premier d'une ſphere céleſte.

41. Pavillon du peuple d'Angleterre ; il eſt rouge & fendu, chargé d'un écuſſon rouge à trois léopards d'or à la bordure d'argent, le pavillon parti à ſeneſtre d'argent à la croix rouge.

42. Pavillon bleu d'Angleterre ; il eſt bleu, au franc-quartier bleu, chargé d'une croix rouge à la bordure blanche, brochante ſur un ſautoir de même.

43. Pavillon particulier d'Angleterre ; il eſt rouge, au franc-quartier d'argent, chargé d'une croix rouge, à dextre de la pointe d'en-bas il y a un ſautoir d'argent.

44. Pavillon d'une diviſion d'eſcadre ; il eſt de treize bandes à commencer par celle d'en-haut, rouge, blanche, ainſi de ſuite, au franc-quartier d'argent chargé d'une croix rouge.

45. Pavillon blanc d'Angleterre ; il eſt blanc, chargé d'une croix rouge, au franc-quartier bleu, à la croix rouge bordée d'argent, brochante ſur un ſautoir de même.

46. Pavillon de beaupré d'un yacht d'Angleterre ; il eſt bleu, chargé d'une croix rouge à la bordure d'argent, brochante ſur un ſautoir de même.

47. Pavillon anglois d'un yacht de Guinée ; il eſt rouge, ſemé de billettes d'argent, chargé d'un écuſſon quarré d'argent à la croix rouge.

48. Pavillon des Indes orientales d'Angleterre ; il eſt de neuf bandes, à commencer par celle d'en-haut rouge, blanche, ainſi de ſuite, au franc-quartier d'argent chargé d'une croix rouge.

49. Pavillon d'Irlande ; il eſt blanc, chargé d'un ſautoir rouge.

50. Pavillon de St. Georges ; il eſt blanc, chargé d'une croix rouge.

51. Pavillon anglois de la ville de Bugie ; il eſt rouge au franc-quartier d'argent, chargé d'une croix rouge bordée d'argent, brochante ſur un ſautoir de même.

PLANCHE XVIII.

Fig. 52. Grand pavillon d'Angleterre ; il eſt plein, écartelé au premier & quatrieme, contre-écartelé de France & d'Angleterre, au ſecond d'Ecoſſe, au troiſieme d'Irlande, & ſur le tout de Naſſau.

53. Pavillon de l'île de Man ; il eſt rouge, chargé de trois jambes entées enſemble, au franc-quartier d'argent à la croix rouge.

54. Pavillon particulier d'Angleterre ; il eſt blanc, à la croix rouge, au franc-quartier d'argent chargé d'une croix rouge.

55. Pavillon des Indes orientales d'Ecoſſe ; il eſt rouge, chargé d'un ſoleil levant d'or de deſſus trois bandelettes, bleue, blanche, & bleue.

56. Pavillon d'Ecoſſe ; il eſt rouge, au franc-quartier d'argent chargé d'une croix rouge.

57. Pavillon rouge d'Ecoſſe ; il eſt rouge, au franc-quartier bleu, chargé d'une croix blanche.

58. Pavillon de diviſion d'eſcadre Ecoſſoiſe ; il eſt d'onze bandes, ſix bleues & cinq blanches, au franc-quartier d'argent, chargé d'une croix rouge.

59. Pavillon d'Irlande ; il eſt blanc, chargé d'un ſautoir rouge.

60. Pavillon particulier d'Irlande ; il eſt verd, chargé d'une harpe d'or, au franc-quartier d'argent, à la croix rouge.

61. Pavillon de l'Empire ; il eſt jaune, chargé d'un aigle éployé de ſable, couronné d'une couronne impériale, cerclé, langué, béqué & membré de gueules, tenant en ſes deux ſerres un globe ou monde d'azur cerclé, & ſurmonté d'une croix d'argent, & de la gauche un ſceptre d'or & une épée à la garde de même.

Fig. 62. Pavillon de l'empereur; il eſt jaune, chargé comme ci-deſſus , excepté que l'aigle tient de ſa ſerre droite une épée , & de la gauche un ſceptre.

63. Pavillon bleu de Bourgogne ; il eſt bleu , chargé d'un ſautoir écoté rouge.

64. Pavillon de l'Empereur Charles III. il eſt d'onze bandes qui ſont , à commencer par la plus haute , bleue, jaune & blanche, chargé d'un aigle éployé de ſable, couronné d'une couronne impériale d'or & de gueules.

65. Pavillon du Brabant; il eſt échiqueté rouge & blanc.

66. Pavillon de beaupré de Flandre; il eſt jaune, chargé d'un écuſſon auſſi jaune au lion de ſable, à la bordure fleurdeliſée de même , ſurmonté d'une couronne rehauſſée de quatre fleurs de lis auſſi de ſable.

67. Pavillon blanc de Bourgogne, il eſt blanc, chargé d'un ſautoir écoté rouge.

68. Pavillon de Flandre ; il eſt de trois bandes rouge, blanche & jaune , la blanche chargée d'un ſautoir écoté rouge.

69. Pavillon d'Oſtende en Flandre; il eſt de deux bandes rouge & jaune.

70. Pavillon des Etats-Généraux ; il eſt rouge , chargé d'un lion d'or tenant de ſa patte droite un ſabre d'argent, & de ſa gauche un faiſceau de ſept fleches d'or , dont les pointes & pennes ſont bleues.

71. Pavillon de Hollande ou du Prince, il eſt de trois bandes orangée , blanche & bleue.

72. Pavillon de beaupré des Etats-Généraux ; il eſt gironné de douze pieces orangées , bleues & blanches , chargé d'un écuſſon rouge au lion d'or tenant de ſa patte droite un ſabre d'argent , & de ſa gauche un faiſceau de ſept fleches d'or, dont les pointes & les pennes ſont bleues.

73. Pavillon de Hollande ou du Prince , qui eſt double ; il eſt de ſix bandes des couleurs ci-deſſus.

74. Pavillon de beaupré du Prince ou de Hollande ; il eſt gironné de douze pieces orangées , bleues & blanches.

75. Pavillon du Prince qui eſt ſimple ; il eſt gironné de douze pieces blanches , rouges & bleues.

76. Autre pavillon de beaupré du Prince; il eſt gironné de huit pieces blanches , rouges & bleues.

77. Pavillon d'Amſterdam ; il eſt de trois bandes à commencer par la plus haute , rouge, blanche & noire , la blanche chargée des armes de la ville, qui porte de gueules au pal de ſable chargé de trois ſautoirs d'argent , l'écuſſon ſurmonté d'une couronne impériale , pour ſupports deux lions d'or.

78. Pavillon des Indes Orientales; il eſt de trois bandes rouge, blanche & bleue, la blanche chargée de trois lettres entrelacées A O C. Celui de la Compagnie des Indes Occidentales eſt pareil, à l'exception que ce ſont ces lettres G W C qui ſont ſur la bande , également que celui de la Chambre d'Amſterdam, excepté que les lettres ſur la bande ſont auſſi chargées , ayant deſſus O C V A entrelacées.

79. Pavillon des Provinces-Unies; il eſt comme ceux-ci *fig.* 78. n'ayant que les lettres changées , celui-ci ayant trois P ſur la bande du milieu.

Suite de la Planche XVIII.

80. Pavillon Hollandois triple ; il eſt de neuf bandes, à commencer par la plus haute , rouges, blanches & bleues.

81. Pavillon d'Hoorn, ville de la Nort-Hollande; il eſt de trois bandes, deux rouges, celle du milieu blanche , chargée d'un cornet rouge lié de même.

82. Pavillon de Zélande; il eſt de trois bandes , celle d'en-haut orangée , celle d'en-bas bleue , & celle du milieu blanche , chargée des armes de Zélande, qui ſont coupées d'or & d'argent , l'or chargé d'un lion naiſſant , & l'argent de trois faces ondées d'azur.

83. Pavillon du Pape; il eſt blanc , chargé d'un S. Pierre & S. Paul, S. Pierre tenant de ſa main droite deux clés en ſautoir , & de ſa gauche un livre ouvert ;

& S. Paul tient de ſa main droite un livre , & de ſa gauche une épée.

84. Pavillon de Rome , il eſt blanc , chargé de deux clés en ſautoir d'or ſurmonté d'une mître de même.

85. Autre pavillon de Rome ; il eſt rouge , chargé d'un cartouche d'or mis en bande ; l'écuſſon du cartouche eſt de gueules au pal d'azur chargé de quatre lettres d'or qui ſont S P Q R.

86. Autre pavillon de Rome; il eſt rouge , chargé d'un ange d'argent.

87. Pavillon de Jéruſalem ; il eſt blanc , chargé d'une croix potencée d'or , cantonnée de quatre croiſettes de même.

88. Pavillon royal de Suede; il eſt fendu & bleu , traverſé d'une croix d'or ſortant en forme de langue entre la fente du pavillon.

89. Pavillon ſuédois ; il eſt fendu & bleu , traverſé ſimplement d'une croix d'or.

90. Pavillon des marchands ſuédois ; il eſt bleu , chargé d'une croix d'or.

91. Pavillon ſuédois de Riga en Livonie ; il eſt bleu , traverſé d'une croix chargée en cœur des armes de la ville de Riga, qui ſont de gueules à deux clés en ſautoir , ſurmontées d'une croix d'or.

92. Pavillon royal de Dannemarck; il eſt fendu & rouge , traverſé d'une croix blanche, ſortant en forme de langue entre les deux pointes du pavillon.

93. Pavillon de Chriſtian V. roi de Dannemarck ; il eſt rouge , traverſé d'une croix blanche , formant au milieu un écuſſon où ſont deux C & deux 5 entrelaces , formant le chiffre du roi , ſurmonté d'une couronne.

94. Pavillon danois ; il eſt fendu & rouge , traverſé d'une croix blanche.

95. Pavillon des marchands danois ; il eſt rouge , traverſé d'une croix blanche.

96. Pavillon du Czar ou empereur de Ruſſie ; il eſt jaune , chargé d'un aigle à deux têtes , éployé de ſable, couronné de deux couronnes royales tenant quatre cartes marines , une à chaque bec & une à chaque ſerre , l'aigle chargé en cœur d'un écuſſon d'argent , à un S. Georges de ſable , foulant un dragon à deux têtes ; au-bas. de l'écuſſon il y a la croix de l'ordre de S. André , le tout ſurmonté d'une couronne impériale.

97. Pavillon ruſſien ; il eſt blanc , chargé d'un ſautoir bleu avec une face bleue brochante ſur le tout.

98. Premier pavillon ruſſien ; il eſt blanc , chargé d'un ſautoir bleu.

99. Second pavillon ruſſien; il eſt bleu , au franc-quartier blanc , chargé d'un ſautoir auſſi bleu.

100. Troiſieme pavillon ruſſien ; il eſt rouge, au franc-quartier blanc , chargé d'un ſautoir bleu.

101. Gaillard ruſſien ; il eſt rouge , chargé d'une croix blanche, au ſautoir bleu doublé de blanc, brochant ſur le tout.

102. Pavillon amiral ruſſien ; il eſt blanc , chargé de quatre ancres en ſautoir bleu.

103. Pavillon ruſſien ; il eſt de ſix bandes, à commencer par la plus haute blanche , bleue & rouge.

104. Pavillon des marchands ruſſiens ; il eſt de trois bandes blanche , bleue & rouge.

105. Pavillon des galeres ruſſiennes ; il eſt rouge & fendu au franc-quartier blanc , chargé d'un ſautoir bleu.

106. Flamme ruſſienne ; elle eſt fendue & de trois bandes blanche , bleue & rouge , partie à ſeneſtre d'argent au ſautoir d'azur.

PLANCHE XIX.

Fig. 107. Autre flamme ruſſienne ; elle eſt rouge , & fendue au franc-quartier blanc , chargée d'un ſautoir bleu.

108. Pavillon royal de Pologne ; il eſt rouge , chargé d'un bras qui ſort d'un nuage bleu , tenant au poing une épée d'argent à la poignée de ſable , vêtu juſqu'au coude d'argent , à une manchette d'or.

Fig. 109. Pavillon de Pologne ; il eft rouge, chargé d'un aigle d'agrent.

110. Pavillon de Sicile ; il eft blanc, chargé de quatre bandelettes rouge, blanche, rouge & blanche, la partie d'en-haut chargée d'un aigle de fable, & celle d'en-bas de même.

111. Pavillon de Meffine ; il eft blanc, chargé d'un aigle à deux têtes, éployé de fable.

112. Pavillon des galeres de Sicile ; il eft blanc, chargé d'un aigle éployé de fable.

113. Pavillon des deux Siciles ; il eft bleu, chargé d'un aigle éployé d'argent.

114. Pavillon de Naples ; il eft blanc, chargé d'un griffon de finople, ou verd.

115. Pavillon de Malte ; il eft blanc, chargé d'une croix rouge pattée, à huit pointes.

116. Autre pavillon de Malte ; il eft rouge, traverfé d'une croix blanche.

117. Autre pavillon de Malte ; il eft rouge, chargé d'une croix blanche pattée, à huit pointes.

118. Pavillon de Savoie ; il eft rouge, traverfé d'une croix blanche, cantonnée de ces quatre lettres EERT.

119. Autre pavillon de Savoie ; il eft blanc, chargé d'une image de la Vierge tenant un enfant Jéfus dans fes bras.

120. Pavillon de Venife ; il eft rouge, chargé d'un lion aîlé d'or, pofé fur une petite bande bleue, tenant en fa patte droite une croix d'or, & en fa gauche un livre où on lit : *Pax tibi Marce Evangelifta meus.*

121. Autre pavillon de Venife ; il eft femblable au premier, excepté que le lion tient de fa patte droite une épée d'azur, à la garde & au pommeau de fable.

122. Autre pavillon de Venife ; il eft rouge, chargé d'un lion aîlé d'or, tenant de fes deux pattes un livre.

123. Pavillon de Tofcane ; il eft blanc, traverfé d'une croix rouge bordée d'or.

124. Autre pavillon de Tofcane ; il eft blanc, chargé des armes du grand-duc qui font d'or, à cinq tourteaux de gueules, furmonté d'un fixieme aux armes de France, l'écuffon en forme de cartouche, couronné d'une couronne ducale, entouré d'un ruban bleu d'où pend une croix rouge, qui eft l'ordre de S. Etienne.

125. Pavillon de Genes ; il eft blanc, traverfé d'une croix rouge.

126. Pavillon de Monaco ; il eft blanc, chargé d'un écuffon fufelé d'argent & de gueules.

127. Pavillon de Modene ; il eft bleu, chargé d'un aigle éployé d'argent, béqué & membré d'or.

128. Pavillon de Ragufe ; il eft blanc, chargé d'un écuffon où eft écrit le mot *Libertas.*

129. Autre pavillon de Ragufe, chargé d'un moine vêtu de noir ; à fes deux côtés eft écrit, *S. Benoît.*

130. Pavillon royal de Brandebourg ; il eft blanc, chargé d'un aigle éployé de gueules, couvert d'un bonnet électoral, tenant de fa ferre droite une épée, & de la gauche un fceptre d'or.

131. Autre pavillon de Brandebourg ; il eft blanc, chargé d'un aigle noir, ayant fur le poitrail un écuffon renverfé d'azur, au fceptre d'or, à la bordure d'argent.

132. Autre pavillon de Brandebourg ; il eft blanc, chargé à feneftre d'un aigle noir, & à dextre d'un écuffon d'azur au fceptre d'or.

133. Autre pavillon de Brandebourg ; il eft blanc, chargé d'un pélican à deux têtes, fe béquetant les côtés, furmonté d'une couronne de marquis, tenant de fa ferre droite une épée, & de la gauche un fceptre.

134. Autre pavillon de Brandebourg ; il eft de fept bandes, quatre blanches & trois noires, chargé d'un écuffon d'argent à l'aigle de gueules.

Suite de la Planche XIX.

Fig. 135. Pavillon de Sardaigne ; il eft blanc, traverfé d'une croix rouge, cantonné de quatre têtes de Mores.

136. Pavillon de Mantoue ; il eft bleu, chargé d'une tête de femme, ayant un mafque noir pour coëffure, à l'entour de la bordure eft écrit *Al Bifogno Raffembra l'huomo, gira il fato.*

137. Pavillon d'Ancone ; il eft de deux bandes, rouge & jaune.

138. Pavillon de Majorque ; il eft blanc, chargé des armes de cette île, qui font écartelées au premier & quatrieme de gueules à trois pals d'or, au fecond & troifieme d'argent & de gueules, entés l'un dans l'autre, furmontés d'une couronne de duc ; il y a deux étendards bleus paffés en fautoir, chargés chacun d'une tour d'or & deux canons de finople auffi paffés en fautoir ; au bas font deux poignards d'azur garnis d'or.

139. Pavillon de Livourne ; il eft blanc, chargé d'une croix rouge, ayant une boule de même à chaque bout, qui fe termine en demi-cercle.

140. Pavillon des galeres de Livourne ; il eft rouge, bordé aux trois côtés de jaune, à écu rond, chargé au milieu d'une croix rouge pattée, à huit pointes rouges.

141. Pavillon de Dantzic ; il eft rouge, chargé aux quatre coins de quatre croix d'argent, furmontées chacune d'une couronne royale d'or.

142. Autre pavillon de Dantzic ; il eft rouge, chargé à feneftre de deux croix pattées d'argent, furmontées d'une couronne de marquis.

143. Autre pavillon de Dantzic ; il eft rouge, chargé à feneftre de trois couronnes royales d'or.

144. Pavillon de Corfe ; il eft blanc, chargé d'une tête de More tortillée d'une bande blanche.

145. Pavillon de Hambourg ; il eft blanc, chargé à feneftre d'une tour de fable.

146. Autre pavillon de Hambourg ; il eft rouge, chargé de trois tours d'argent, deux en chef, une en pointe.

147. Autre pavillon de Hambourg ; il eft bleu, chargé de trois tours d'argent, deux en chef, une en pointe.

148. Autre pavillon de Hambourg ; il eft rouge, chargé d'un château d'argent donjonné de trois donjons de même.

149. Autre pavillon de Hambourg ; il eft rouge, chargé d'une tour d'or à feneftre.

150. Pavillon de Konisberg ; il eft de fept bandes, quatre blanches & trois bleues, chargé d'un écuffon d'argent à l'aigle éployé de gueules, tenant une épée de chaque ferre.

151. Autre pavillon de Konisberg ; il eft de fix bandes, trois noires & trois blanches.

152. Pavillon d'Elbing ; il eft de deux bandes, blanche & rouge, chargées chacune d'une croix pattée rouge & blanche.

153. Pavillon de Memel ; il eft de trois bandes, une jaune entre deux vertes.

154. Pavillon de Lubec ; il eft de deux bandes blanche & rouge.

155. Autre pavillon de Lubec comme ci-deffus, mais chargé d'un aigle à deux têtes, éployé de fable, ayant fur l'eftomac un écuffon, partie d'argent & de gueules, tenant de fa ferre droite une épée d'azur, & de la gauche un fceptre d'or furmonté d'une couronne d'or.

156. Pavillon de Lunebourg ; il eft rouge, chargé d'un cheval volant d'or.

157. Pavillon de Middelbourg ; il eft de trois bandes jaune, blanche & rouge.

158. Pavillon de beaupré de Middelbourg ; il eft rouge, chargé d'une tour crenelée d'or.

159. Pavillon de Roftock ; il eft jaune, chargé d'un griffon rouge.

160. Autre pavillon de Roftock ; il eft de trois bandes bleue, blanche & rouge.

161. Pavillon de Fleffingues ; il eft rouge, chargé d'une urne d'argent, couronnée de même.

162. Pavillon de Breme ; il eft de neuf bandes, cinq rouges & quatre blanches, au pal à feneftre chiqueté de même.

163. Autre pavillon de Breme; il eſt de quatre bandes, deux bleues & deux blanches.

164. Pavillon de beaupré de Were en Zélande; il eſt rouge, chargé d'un écuſſon de ſable, à la bande d'argent.

165. Pavillon de Stralſund; il eſt rouge, chargé d'un ſoleil d'or.

166. Pavillon de Stetin; il eſt de deux bandes blanche & rouge, chargé de deux belettes de même.

167. Pavillon de Wiſmar; il eſt de ſix bandes, trois rouges & trois blanches.

PLANCHE XX.

Fig. 168. Pavillon de Riga; il eſt blanc, chargé d'un château flanqué de deux tours de gueules, au pont-levis de ſable gardé par un lion, affronté d'or, ſurmonté de deux clés en ſautoir, ſupportant une croix, le tout d'or.

169. Pavillon de Revel; il eſt de ſix bandes, trois bleues & trois blanches.

170. Pavillon d'Enchuſe; il eſt de treize bandes, ſept rouges & ſix jaunes.

171. Pavillon de Texel; il eſt de deux bandes verte & bleue.

172. Pavillon de Weſt-Friſe; il eſt bleu, à deux lions d'or l'un ſur l'autre, ſemé de belettes de même.

173. Pavillon de Roterdam; il eſt d'onze bandes, ſix vertes & cinq blanches.

174. Pavillon de Waterland; il eſt de trois larges bandes rouge, blanche & bleue, la blanche chargée d'un écuſſon quarré d'azur, au cigne d'argent nageant ſur une mer de ſinople; le pavillon bordé de trois côtés de trois petites bandes rouge, blanche & bleue.

175. Pavillon de Vlieland; il eſt de quinze bandes rouge, blanche, bleue, verte, bleue, jaune, verte, jaune, rouge, bleue, jaune, verte, rouge, blanche & bleue.

176. Pavillon de Leuwarde; il eſt verd, chargé d'un lion d'or.

177. Pavillon de Harlingen; il eſt jaune, bordé en-haut & en-bas de bleu, chargé d'un écuſſon d'argent, bordé auſſi de bleu, écartelé au premier & quatrieme de trois roſes d'or, 2. 1, au ſecond & troiſieme trois croix de gueules 2. 1.

178. Pavillon de Staveren; il eſt bleu, chargé de deux croſſes en ſautoir d'or.

179. Pavillon des îles de Scelling & de Flieland; il eſt de dix bandes rouge, blanche, bleue, rouge, bleue, jaune, verte, rouge, blanche & bleue.

180. Pavillon d'Embden; il eſt de trois bandes jaune, rouge & bleue, la jaune & la bleue dépaſſant la rouge en forme de pointe.

181. Autre pavillon d'Embden; il eſt de trois bandes, deux rouges, & une jaune ſortant d'entre les rouges qui forment la pointe.

182. Autre pavillon d'Embden; il eſt de trois bandes, bleue au milieu, rouge en-haut & jaune en-bas.

183. Pavillon de Norden; il eſt bleu, chargé de trois étoiles à ſix rais d'argent rangés 2 & 1.

184. Pavillon de la compagnie des Indes occidentales de Brandebourg; il eſt blanc, chargé d'un aigle à deux têtes, éployé de ſable, tenant de ſa ſerre droite une épée, & de la gauche un ſceptre ſurmonté d'une couronne royale, le tout d'or.

185. Pavillon de Courlande; il eſt de deux bandes rouge & blanche.

186. Autre pavillon de Courlande; il eſt rouge, chargé d'un cancre noir.

187. Autre pavillon de Courlande; il eſt rouge, chargé d'un aigle noir.

188. Pavillon de Bergen; il eſt rouge, traverſé d'une bande blanche, chargé en cœur d'un écuſſon d'argent, au lion de gueules, armé d'une épée d'azur à la poignée de ſable, le tout dans une couronne de laurier de ſinople.

189. Pavillon de Sleewik-Holſtein; il eſt rouge, chargé des armes de Sleewik qui ſont d'or, à deux lions d'azur paſſant l'un ſur l'autre, l'écuſſon entouré de la feuille d'ortie de Holſtein, qui eſt d'argent, à trois

clous de même, ſurmonté d'une couronne royale.

190. De Helgeland; il eſt de huit bandes, trois bleues, trois blanches & deux rouges.

191. Pavillon de l'empereur des Turcs; il eſt fendu en cornette verte, chargé de trois croiſſans d'argent, dont les pointes ſe regardent.

192. Autre pavillon du Grand-Turc; il eſt fendu en cornette rouge, chargé d'un écuſſon en ovale, de ſinople, à trois croiſſans d'or, rangés en face.

193. Autre pavillon du Grand-Turc, il eſt de dix-ſept bandes, neuf vertes & huit rouges.

194. Pavillon d'un bacha Turc; il eſt fendu en cornette bleue, traverſé d'une croix d'or, chargé d'un écuſſon en rond, à trois croiſſans d'argent rangés en face.

195. Pavillon turc; il eſt rouge, chargé de trois croiſſans d'argent rangés 2 1.

196. Autre pavillon turc; il eſt bleu, chargé de trois croiſſans d'argent rangés 2 1.

197. Pavillon des galeres turques; il eſt fendu en cornette, rouge, chargé de trois croiſſans d'or rangés en face.

198. Autre pavillon des galeres turques; il eſt rouge & ſe termine en pointe.

199. Pavillon de Tripoli; il eſt verd, chargé de trois croiſſans dont les pointes ſe regardent, rangés 2 1.

200. Pavillon turc; il eſt rouge, chargé de trois croiſſans d'argent contournés, rangés 1 & 2.

201. Pavillon de Conſtantinople; il eſt verd, chargé de trois croiſſans d'or, rangés 2 & 1.

202. Pavillon de Smyrne; il eſt de cinq bandes, trois vertes & deux blanches.

203. Pavillon de Candie; il eſt de trois bandes, deux rouges & une blanche, & ſe termine en pointe.

204. Pavillon des Grecs; il eſt tout noir.

Suite de la Planche XX.

Fig. 205. Pavillon des Tartares & de la Chine; il eſt jaune, chargé d'un dragon de ſable à la queue de baſilic, de même les pattes à cinq griffes, la tête tournée en-dehors.

206. Autre pavillon des Tartares; il eſt jaune, chargé d'un hibou de ſable, à la gorge iſabelle.

207. Pavillon de l'empereur de la Chine; il eſt blanc, chargé en cœur d'une volute ronde, qui eſt moitié rouge & jaune, autour huit figures ou caracteres chinois, dans une moitié deſquels il y a ſix points & dans l'autre quatre, à chaque figure, avec une ligne au-deſſus.

208. Pavillon de Nanquin; il eſt de quatre bandes griſe, bleue, rouge & blanche.

209. Pavillon de Bantam; il eſt jaune, chargé de deux eſtramaçons en ſautoir d'argent, à la garde de ſable.

210. Pavillon du roi de Bantam; il eſt rouge, chargé de deux croiſſans d'or en pals, & deux épées en ſautoir, à la lame flamboyante d'azur, à la garde d'or, le pavillon ſe terminant en rond, bordé auſſi d'or.

211. Pavillon de l'empereur du Japon; il eſt rouge, chargé à ſeneſtre d'un croiſſant d'or, & à dextre de deux épées en ſautoir, à la lame flamboyante d'azur, la garde d'or.

212. Pavillon de Batavia; il eſt rouge, chargé d'une épée en pal d'argent, ſurmonté d'une couronne de laurier de ſinople, l'épée entourée d'une couronne de même, formant dans le haut une troiſieme couronne.

213. Autre pavillon de Batavia; il eſt de ſix bandes, deux rouges, deux blanches, & deux bleues, chargé d'une épée en pal, à la garde d'or, entouré d'une couronne de laurier de ſinople, attaché par quatre roſes aux quatre côtés.

214. Pavillon du Grand-Mogol; il eſt verd, chargé d'une demi-lune d'or.

215. Autre pavillon du Grand-Mogol; il eſt rouge, chargé d'une femme danſante toute nue, avec ces paroles dans le haut, *Noch niet half gewonnen.*

216. Pavillon particulier des Perſes; il eſt de cinq bandes, la premiere & la cinquieme ſont bleues, chargées chacune de trois roſes d'or, celle du milieu entre deux croiſſans contournés de même, la ſe

conde & la troifieme font jaunes, chargées chacune de deux croix rouges, & la cinquieme eft
verte, fe terminant en forme de langue, chargé
d'une épée pofée du fens de la bande, la lame
d'azur, à la garde d'or, & d'une rofe auffi d'or, à
côté de deux croiffans contournés de même.

217. Pavillon du fophi de Perfe; il eft jaune, chargé de
trois croiffans d'argent, rangés 2 & 1.

218. Autre pavillon du fophi de Perfe; il eft blanc,
chargé de trois lions de fable, rangés 2 & 1.

219. Pavillon d'Alexandrette; il eft de huit bandes
rouge, blanche, verte, rouge, verte, rouge,
blanche, verte, & fe termine en rond.

220. Pavillon de Tripoli; il eft verd, chargé de trois
croiffans d'or, rangés 2 & 1.

221. Autre pavillon de Tripoli; il eft de fept bandes
blanche, verte, rouge, blanche, rouge, verte &
rouge.

222. Pavillon de Tunis; il eft de cinq bandes bleue,
rouge, verte, rouge, bleue, & fe termine en
pointe, la bande du milieu en forme de langue.

223. Autre pavillon de Tunis; il eft de fix bandes, trois
blanches & trois rouges. Il y a un troifieme pavillon de Tunis qui eft verd, qui fe termine en pointe.

224. Pavillon d'Efclavonie; il eft de deux bandes jaune
& rouge.

225. Pavillon d'Alger; dans le combat il eft bleu, chargé
d'un bras qui fort d'un nuage de fable, tenant au
poing un fabre d'argent, à la garde d'or, le bras
entouré au-deffus du coude d'une bande de fable,
d'où fort une manchette d'or découpée.

226. Autre pavillon d'Alger; il eft de fept bandes, deux
blanches, deux vertes, & trois rouges.

227. Autre pavillon d'Alger; il eft rouge, de figure
exagone, chargé d'une tête de Turc coëffé de fon
turban.

228. Autre pavillon d'Alger; il eft de cinq bandes bleue,
rouge, verte, rouge & bleue.

229. Autre pavillon d'Alger, il eft de trois bandes rouge, verte, rouge, & fe termine en pointe. Il y a
un autre pavillon d'Alger pareil à celui ci-deffus,
excepté que la bande d'en-bas eft chargée de deux
épées en fautoir.

230. Autre pavillon d'Alger; il eft de deux bandes blanche & noire.

231. Pavillon de Salé; il eft de trois bandes jaune, blanche & rouge, la blanche chargée de trois croiffans
d'or en bande, & fe terminent en pointe.

232. Autre pavillon de Salé; il eft rouge, chargé d'une
demi-lune d'or, & fe termine en pointe.

233. Autre pavillon de Salé; il eft verd, chargé d'un
fabre à deux lames, monté fur une poignée d'or.

234. Pavillon de Tétuan; il eft de trois bandes rouge,
verte, rouge : la verte fe termine en forme de
langue.

235. Pavillon des corfaires; il eft rouge, chargé au
milieu d'un bras ayant au poing un fabre d'azur,
& au-deffus du coude une bande d'or bordée
d'azur, à feneftre d'un fablier monté fur une boîte
à jour, d'or, aîlé d'azur, & à dextre d'une tête
de mort couronnée de laurier, pofée fur deux
os de jambe en fautoir.

236. Pavillon de Sangrian; il eft de trois bandes jaunes,
chargé de huit croiffans d'argent, trois en-haut,
deux au milieu, & trois en-bas : le pavillon échan-
cré & bordé de deux côtés de trois petites bandes
rouge, blanche & bleue, les trois grandes bandes
féparées par quatre autres petites bandes, dont
deux à chaque côté de la bande du milieu rouge &
bleue.

237. Pavillon du roi de Maroc; il eft rouge, bordé de
pointes rouge & blanche, chargé au milieu de
cifeaux ouverts formant le fautoir.

238. Pavillon des Mores d'Afrique; il eft de deux bandes, une petite verte, & une grande rouge.

PLANCHE XXI.

Fig. 1. Quartier de réduction dont on fe fert pour ré-
duire les routes de navigation.

2. Quartier fphérique dont on fe fert pour réfoudre

plufieurs problêmes d'aftronomie rélatifs à la navigation.

PLANCHE XXII.

Fig. 1. C la grande voile. D le grand hunier. E le grand
perroquet.

Premiere fuite de la Pl. XXII.

K perroquet de beaupré. I la civadiere. Q Q les deux
bonnettes ou étais du grand hunier. P P les deux
bonnettes ou étais de la grande voile.

Deuxieme fuite de la Pl. XXII.

F la mifaine. G le petit hunier. H le petit perroquet.

Troifieme fuite de la Pl. XXII.

A l'artimon & la vergue. B le perroquet de fougue. L
la grande voile d'étai. M la voile d'étai d'artimon.
N la voile d'étai du grand hunier. O la voile d'é-
tai du petit hunier.

Proportions de l'artimon & du perroquet de fougue.

A l'artimon. La vergue a 94 piés, 92 de voile, 38 toiles.
Le mât a 78 piés, & de voile 60 piés de chûte. Aunage de la voile, 313 aunes, toile à deux fils pouldavit. Pour la garniture 10 aunes. Fil de voile 13
liv. Ralingues 2 pouces & demi 25 braffes, (diam.
2 pouces 20 braffes. Pour les *aie* & *fourré* 2 pieces
de ligne un paquet de merlin. 3 pieces de quarantenier pour ranbander la voile.

B le perroquet de fougue, 36 piés, & la voile 30 piés 20
toiles. Le mât, 42 piés. La voile, 36 piés de chûte.
La vergue de fougue, 68 piés, & de voile 57 piés
38 toiles. Aunage de la toile, 283 aunes, toile à un
fil. Pour la garniture 40 aunes. Fil de voile 13 liv.
Ralingues 2 pouces & demi 28 braffes, (diam. un
pouce 7 braffes. Pour les *aie* & *fourré*, 2 pieces de
ligne 2 paquets de merlin. 2 pieces de quarantenier pour ranbander la voile.

*Proportions de la grande voile, du grand hunier, & du
grand perroquet.*

C la grande vergue a 102 piés. la voile 94 piés 61 toiles. Le grand mat, 116 piés, la voile 46 piés de
chûte. Aunage de la voile, 762 aunes & demie toile de Breft à 3 fils, 21 pouces de largeur. Pour la
garniture, 86 aunes. Fil de voile, 36 livres. Ralingues 5 pouces & demi 40 braffes, (diam. 2 pouces & demi 20 braffes. Pour les aie & fourrures,
8 pieces de ligne & quatre paquets de merlin. 7
pieces de quarantenier à 12 fils pour ranbander la
voile.

D la vergue du grand hunier a 70 piés, la voile 58 piés
38 toiles. Le grand mât de hune, 77 piés, la voile
66 piés, bordure 90 piés 62 toiles. Aunage de la toile,
900 aunes pouldavit à 2 fils à 20 pouces de large.
Pour la garniture, 111 aunes. Fil de voile 50 liv.
Ralingues 4 pouces & demi 48 braffes, (diam. 2
pouces 12 braffes. Pour les aie & fourrures, 7 pieces de ligne, 4 paquets de merlin.

E la vergue du grand perroquet, 34 piés, & la voile 30
piés 16 toiles. Le mât, 35 piés & la voile 29 piés,
bordure 56 piés 30 toiles. Aunage, 186 aunes de
toile vitrée renforcée. Fil de voile, 7 livres Ralingues, 2 pouces 1 quart 26 braffes, (diam. 1 pouce 6 braffes & demie. Pour les aie & fourrures, 1
piece de ligne, 1 paquet de merlin, & pour les
ranbander 1 piece de ligne.

*Proportions de la mifaine, du petit hunier, & du petit
perroquet.*

F la vergue de mifaine a 96 piés, 87 piés de voile 54
toiles. Le mât de mifaine, 100 piés, 41 piés de
voile. Aunage de la voile, 607 aunes un quart toile de Breft à trois fils 21 pouces. Pour la garniture, 110 aunes toiles *à parlas* à 1 fil. Fil de voile,
35 livres. Ralingues, 5 pouces 38 braffes, (diam.
2 pouces 19 braffes. Pour les aie & fourrures, 9
pieces de ligne, 5 paquets de merlin. 7 pieces de
quarantenier à 12 fils pour ranbander la voile.

G la vergue du petit hunier a 65 piés, 53 piés de voile,
35 toiles. Le mât a 72 piés, 61 piés de voile, bordure 84 piés 57 toiles. Aunage de la voile, 765
aunes un quart toile à 2 fils pouldavit à 22 pouces.
Pour la garniture, 100 aunes toile *à parlas* à 1 fil.
Ralingues, 4 pouces 45 braffes, (diam. 2 pouces

11 braffes. Fil de voile , 42 livres. Pour les aie & fourrures, 6 pieces de ligne, 4 paquets de merlin , 5 pieces de quarantenier à 6 fils.

H la vergue du petit perroquet a 31 piés , la voile 27 piés 14 toiles. Le mât a 32 piés & 26 piés de voile, bordure 52 piés 26 toiles. Aunage de la voile, 156 aunes de toile vitrée renforcée. Fil de voile, 6 livres. Ralingues , 2 pouces 25 braffes, (diam. 1 pouce 6 braffes. Pour faire le aie & fourrer, 1 piece de ligne , 1 paquet de merlin , & pour les ranbander 1 piece de ligne.

Proportions de la civadiere & du perroquet de beaupré.

I la vergue de civadiere a 68 piés , 60 piés de voile 39 toiles. Le mât de beaupré , 70 piés , 26 piés de voile. Aunage de la voile, 293 aunes toile pouldavit à 2 fils. Pour la garniture, 10 aunes. Fil de voile ; 11 livres. Ralingues de 3 pouces 24 braffes, (diam. 1 pouce & demi 13 braffes. Pour faire les aie & fourrer , 1 piece de ligne, 1 paquet de merlin. Pour ranbander la voile 4 pieces de quarantenier.

K la vergue du perroquet de beaupré a 35 piés , 32 piés de voile , 17 toiles. Le mât a 26 piés, la voile 42 piés, bordure 58 piés 31 toiles. Aunage de la voie 276 aunes toile vitrée renforcée. Fil de la voile, 10 livres. Ralingues , 2 pouces & demi 32 braffes , (diam. 1 pouce 7 braffes. Pour faire les aie & ranbander la voile, 2 pieces de ligne, 1 paquet de merlin.

Proportions des quatre voiles d'étai.

L la grande voile d'étai. Envergure a 76 piés 31 toiles. Chûte, 50 piés. Aunage, 222 aunes & demie à un fil. Fil de voile, 9 livres. Ralingues , 3 pouces 24 braffes, (diam. 1 pouce & demi 14 braffes. Pour faire les aie & les ranbander, 3 pieces de ligne.

M la voile d'étai d'artimon a 70 piés 23 toiles. Chûte, 44 piés. Aunage, 133 aunes toile vitrée renforcée. Fil de voile, Ralingues, 2 pouces 20 braffes, (diam. 1 pouce 14 braffes. Pour faire les aie & les ranbander , 2 pieces de ligne.

N la voile d'étai du grand hunier. Envergure a 70 piés 23 toiles. Chûte, 44 piés. Aunage, 133 aunes toile vitrée renforcée. Fil de voile, 5 livres. Ralingues, 2 pouces 20 braffes, (diam. 1 pouce 14 braffes. Pour faire les aie & les ranbander, 2 pieces de ligne.

O la voile d'étai du petit hunier. Envergure a 65 piés 20 toiles. Chûte, 38 piés. Aunage de la voile, 102 aunes & demie toile vitrée renforcée. Fil de voile, 4 livres. Ralingues, 1 pouce & demi 19 braffes, diam. 1 pouce 13 braffes. Pour faire les aie & les ranbander , 2 pieces de ligne.

Proportions des quatre bonnettes en étai.

PP l'arcboutant du grand mât a 56 piés, la voile 42 piés de bordure. Chûte de la voile a 52 piés. Envergure 6 piés 3 toiles. Aunage de la toile , 134 aunes un quart vitrée commune. Fil de voile, 5 livres. Ralingues de 2 pouces 30 braffes. Pour les deux bonnettes en étai de la grande voile, aunage des deux ,268 aunes & demie, fil 10 liv. Ralingues, 60 braffes.

QQ les boute-hors. Pour les deux bonnettes en étai du grand hunier, 40 piés , & de voile 37 piés 15 toiles. Chûte de la voile, 72 piés. Envergure 5 piés 2 toiles. Aunage de la voile , 167 aunes & demie vitrée commune. Fil de voile, 6 livres. Ralingues de 2 pouces 36 braffes. Pour les deux bonnettes en étai du grand hunier , aunage pour les deux , 335 aunes, fil 12 livres, ralingues 72 braffes.

LE ROYAL LOUIS.

	Mâts.	Voiles de chute.	Toile de voile.	Bordure de la voile.	Aunage de la voile.	Fil de voile.	Ralingue de la voile.	Lignes.	Merlin.	Quarantenier.
Le grand mât	116 p.	46 p.	61	100 p.	848½	38 liv.	60 br.	8	4	7
Le mât de misaine	110	41	54		717¼	35	57	9	5	7
Le mât d'artimon	78	61	38		323	13	45	1	1	3
Le grand mât de hune	77	66	38	90. 62	1011	50	60	7	4	5
Le mât du petit hunier	72	61			865¼	42	56	6	4	5
Le mât du beaupré	70	26			303	11	37	1	1	4
Le mât du perroquet de fougue	42	36	28		323	13	35	2	2	2
Le mât du grand perroquet	35	29	16	56. 30	186	7	32	1	1	1
Le mât du petit perroquet	32	26			156	6	31	1	1	1
Le mât du perroquet de beaupré	26	42			276	10	39	2	1	2
Envergures.										
La grande vergue	102	94								
La vergue de misaine	96	87								
La vergue d'artimon	94	92	18							
La vergue de civadiere	68	60								
La vergue du grand hunier	70	58	38	90. 62						
La vergue du petit hunier	65	53	35	84. 57						
La vergue de fougue	68	57	38							
La vergue du perroquet de fougue	36	30	20							
La vergue du grand perroquet	34	30	16	56. 30						
La vergue du petit perroquet	31	27	14	52. 26						
La vergue du perroquet de beaupré	35	32	17	58. 31						
Envergure du perroquet de beaupré	35	32	17	58. 31						
Envergure de la grande voile d'étai	76	76	31		222½	9	38	3		
Envergure de la voile d'étai d'artimon	90	70	23		133	5	34	2		
Envergure de la voile d'étai du grand hunier	70	70	23		133	5	34	2		
Envergure de la voile d'étai du petit hunier	65	65	20		102½	4	32	2		
La vergue de la bonnette en étai de la grande voile	8	6	2		268	10	60			
La vergue de la bonnette en étai du grand hunier	10	8	3		335	12	72			
					6023½	270	722	48	24	37

Les trois tentes, ... 1000 à 40 liv.
Les deux bonnettes maillées , 172½

PLANCHE XXIII. *Signaux.*

Fig. 1. Pour appareiller. Quand le général veut faire appareiller tous les vaiffeaux de fa flotte pour faire voile, il donne le fignal convenu dans l'ordre; celui que je donne ici eft de deux fanaux ou lanternes attachées , l'une dans les haubans du grand hunier, & l'autre à celui de beaupré. Il ne faux pas compter le grand fanal de l'arriere, qui brûle en tout tems de nuit.

2. Pour diftinguer les vaiffeaux de nuit. Le général peut diftinguer tous les vaiffeaux de fa flotte pendant la nuit par un fignal de correspondance, fuivant l'ordre donné à chacun en particulier, qui avertit les offieiers qui font deffus, de faire telles & telles chofes, ou de lui venir parler à fon bord.

Le fignal ci-joint, que je donne, eft une lanterne fichée au bâton de l'arriere.

3. **Pour revirer.** Revirer, c'eft faire tourner un vaiffeau par la manœuvre des voiles & par le jeu du gouvernail. Cet ordre eft ici donné par une lanterne mife au bâton de l'arriere comme la précédente, & par une autre à l'un des haubans du mât de beaupré, avec un coup de canon tiré à poudre.

4. **Pour mettre à la cape l'amure à ftribord.** Mettre à la cape ou à la tête, c'eft faire tourner un vaiffeau par le moyen du gouvernail, fur le rumb ou air de vent que l'on veut fuivre; & l'amure à ftribord, c'eft de maintenir la direction de la route vers la droite du vaiffeau. Le fignal que je donne ici eft une lanterne attachée au bâton de l'arriere, avec un coup de canon.

5. **Pour mettre à la cape l'amure à bas-bord.** Cette manœuvre eft la même que celle que je viens de décrire, à la différence que la route doit être dirigée vers la gauche du vaiffeau. Le fignal que je donne ici, eft une lanterne qui eft attachée dans les haubans du grand hunier; c'eft la feconde partie du grand mât, & la troifieme partie qui fuit, s'appelle *mât du grand perroquet*, & chaque partie à qui l'on donne auffi le nom de *mât*, a des échelles de cordes, que les marins appellent *haubans*, qui fervent à monter jufqu'au bâton du mât du grand perroquet.

6. **Pour mettre les voiles après la cape.** La cape fignifie *la tête*, *la proue*, *l'avant*, & *l'éperon* du vaiffeau: mettre les voiles après la cape, c'eft mettre la proue ou l'éperon d'un vaiffeau fur un rumb de vent du compas ou de la bouffole qui foit parallele à la quille du vaiffeau: ce qui fe fait par la difpofition & la manœuvre du gouvernail, & par celle des voiles, pour faire route fur quelques objets qu'on veut fuivre & attraper, qu'on ne quitte point de vue, & que la cape ou la tête du vaiffeau regarde toujours. Le fignal, qui eft joint ici, eft un pavillon blanc, mis au bâton du mât du grand perroquet, avec deux coups de canon.

7. **Pour un vaiffeau incommodé.** Vaiffeau incommodé, fe dit d'un vaiffeau qui, lors d'un combat fe trouve avoir perdu quelqu'un de fes mâts, ou qui eft en danger de périr par la quantité d'eau qu'il fait par les trous des boulets de canon. Pour demander du fecours, il fe fert d'un fignal convenu par l'ordre du général. Celui que je donne ici font fix lanternes ou fanaux, la premiere eft attachée à l'un des haubans du grand mât, la feconde à l'un des haubans du grand hunier, la troifieme à l'un des haubans du mât de mifaine, la quatrieme à l'un des haubans du hunier ou le troifieme mât de mifaine, la cinquieme à l'un du mât d'artimon, ainfi que la fixieme à fon mât de hune.

8. **Pour la découverte de la terre ou de quelques dangers.** Le capitaine d'un vaiffeau qui apperçoit le premier une terre que l'on cherche, foit pour y faire une defcente, foit que l'on craigne quelques dangers fur la côte, ou qu'il s'y trouve lui-même en péril, ne tarde pas d'en donner avis, par un fignal pris d'après l'ordre. Celui que je donne ici eft de quatre fanaux ou lanternes, la premiere eft accrochée à l'un des haubans du grand mât, la feconde à l'un des haubans de fon grand hunier, la troifieme à l'un des haubans du mât de mifaine, & la quatrieme au hunier d'artimon.

PLANCHE XXIV.

Fig. 9. **Pour appareiller de jour.** Appareiller, c'eft de lever les ancres, les voiles, & mettre toutes les manœuvres en état de faire route ou faire voile. Cet avis fe donne de la part du général, par un fignal pris d'après l'ordre qu'il a communiqué à tous les capitaines de l'efcadre, comme je l'ai dit ci-devant. Celui que je donne ici eft de mettre au bâton du grand perroquet le grand pavillon blanc, ainfi qu'au bâton de l'arriere, avec un coup de canon tiré à poudre.

10. **Pour appeller les capitaines à bord.** Quand le général veut appeller les capitaines à fon bord, pour les attendre fans jetter l'ancre à la mer ni abaiffer les voiles, il fait feulement mettre fon vaiffeau en panne, c'eft le faire virer vent devant ou de proue, au-lieu de vent d'arriere ou de pouppe, qui eft l'ordinaire; cette manœuvre eft obfervée dans le petit vaiffeau ci-joint, où l'on voit la direction du vent fur les pavillons & les girouettes, avec très-peu d'impreffion fur les voiles. Le fignal eft celui de l'ordre qui fe renouvelle toujours après quelque affaire, à caufe des prifonniers; pour qu'il ne foit point révélé, le général ne le donne jamais à terre; ce n'eft que lorfque la flotte qu'il va commander eft fortie du port, & qu'elle eft à la rade; c'eft être ancré à la vue du port ou de quelques côtes. Le fignal que je donne ici eft le pavillon blanc mis au bâton du grand mât, & des girouettes aux autres mâts, ainfi qu'à l'arriere.

11. **Pour appeller les capitaines avec leurs principaux pilotes.** Lorfque le commandant veut confulter les capitaines & les principaux pilotes, il fait mettre fon vaiffeau en panne, & il les appelle par un fignal qui leur a été communiqué par fon ordre. Celui qu'on voit au petit vaiffeau eft un grand pavillon rouge pofé au bâton de l'arriere.

12. **Pour parler au commandant.** L'officier qui a quelque avis à donner au commandant, donne fon fignal de correfpondance, le commandant lui en donne un autre, & pour l'attendre il fait mettre fon vaiffeau en panne. Le fignal que je donne ici eft un coup de canon tiré à poudre.

13. **Pour la découverte des vaiffeaux.** Dans l'ordre donné par le commandant, le premier vaiffeau qui commence à découvrir quelques vaiffeaux égarés de fon efcadre, doit auffi-tôt en donner avis aux vaiffeaux de la flotte, par un fignal défigné dans l'ordre; il met le premier fon vaiffeau en panne, en contrariant le vent, il les attend, & tous les autres de l'efcadre en doivent faire autant. En tems de guerre pareil avis fe donne auffi pour fe tenir fur fes gardes. Le fignal que je repréfente ici, eft un grand pavillon blanc mis au bout du bâton de l'arriere & de la girouette du grand mât & de celles de mifaine & d'artimon.

14. **Pour faire paffer les vaiffeaux derriere le commandant.** Cette manœuvre fe fait en deux occafions: la premiere, quand il s'agit de fe mettre en ligne pour un combat, & le commandant en prendre la droite; la feconde, lorfqu'il veut fe mettre en ordre de marche, il en prend la tête. Il eft bien entendu que le vaiffeau du général doit être en panne pendant cette manœuvre; ce fignal eft comme les autres pris d'après l'ordre. Celui qu'on voit ici eft de deux girouettes aux mâts de mifaine & d'artimon, & d'une au bâton de l'arriere.

15. **Pour la découverte d'une terre où l'on veut aborder.** Un capitaine qui reconnoît le premier une terre où l'on doit defcendre, fait mettre fon vaiffeau en panne, il en avertit le général & tous les vaiffeaux de l'armée par un fignal convenu dans l'ordre. Celui qui fe trouve ici eft défigné par trois girouettes, l'une mife au grand mât, & deux autres à ceux de mifaine & d'artimon, avec le grand pavillon blanc au bâton de l'arriere.

16. **Pour la découverte de quelques dangers.** L'on pourra fuivre l'explication qui fe trouve au n°. 8. qui eft la même que celle que je pourrois donner ici, il n'y a de différence que celle du fignal de nuit à celui du jour; ce petit vaiffeau a les mêmes fignaux que le précédent, & il y a de plus un coup de canon tiré à poudre.

PLANCHE XXV.

Fig. A Pour fe reconnoître pendant la nuit.
B Pour fe reconnoître de jour.
C En continuant la route de deux en deux horloges, ou d'heure en heure.
D Pour changer de route ou revirer.

‡‡

ARCHITECTURE NAVALE,

CONTENANT une Planche.

FIGURE 3. Quart de bouffole.
5. Trochometre.

Ces figures & les autres de cette planche font fuffifamment expliquées dans le texte.

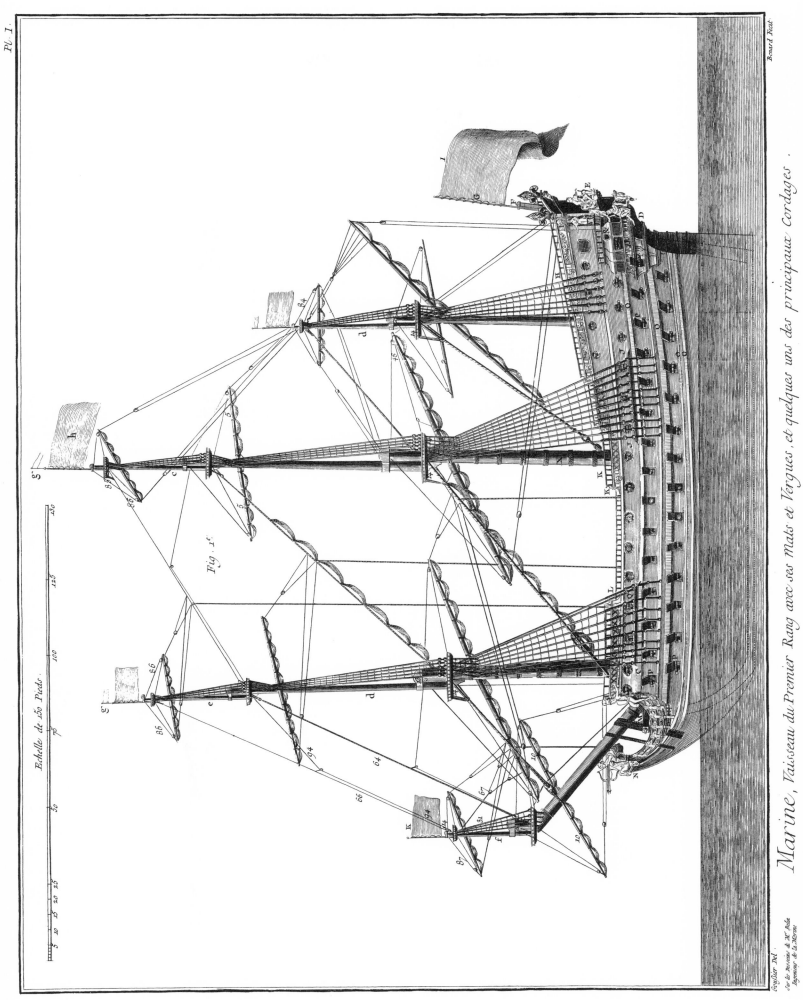

Pl. I.

Fig. 1.ᵉ

Echelle de 150 Pieds.

Bourd fecit.

Guylier Del.

Marine, *Vaisseau du Premier Rang avec ses Mats et Vergues, et quelques uns des principaux Cordages.*

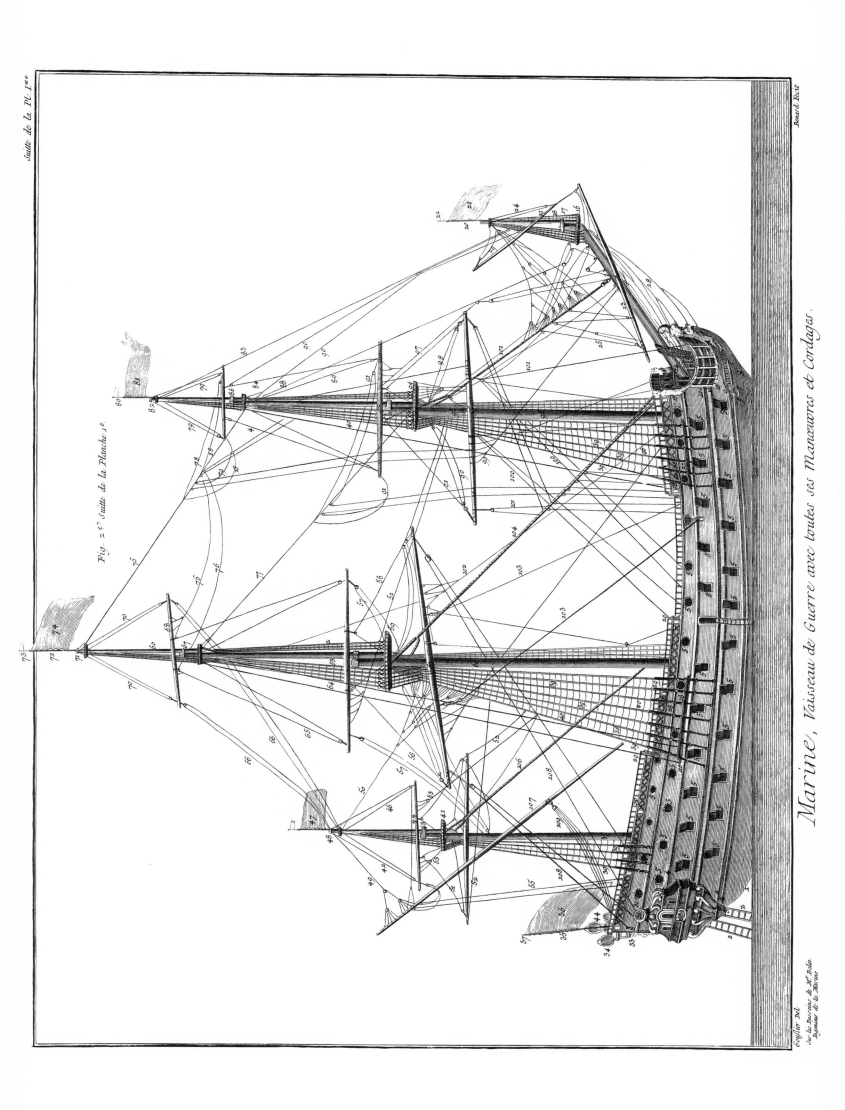

Marine, *Vaisseau de Guerre avec toutes ses Manœuvres et Cordages.*

Benard Fecit.

Goussier Del.
Sur les Desseins de M.ʳ Belin
Ingénieur de la Marine.

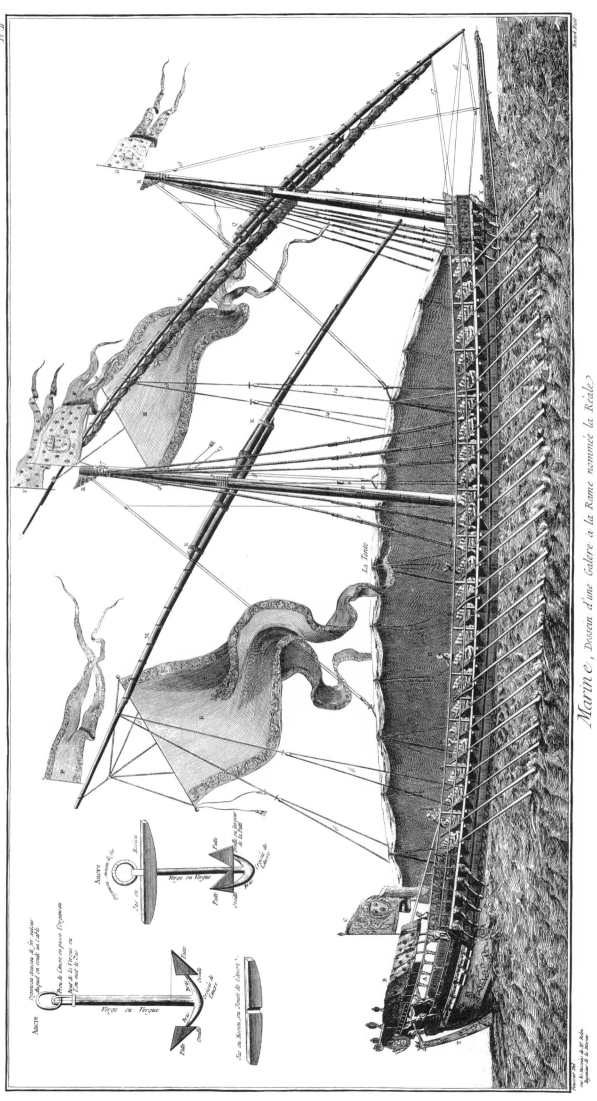

Marine, Dessein d'une Galere à la Rame nommée la Réale

Pl. III.

Vue de la Poupe d'un Vaisseau du Premier Rang.

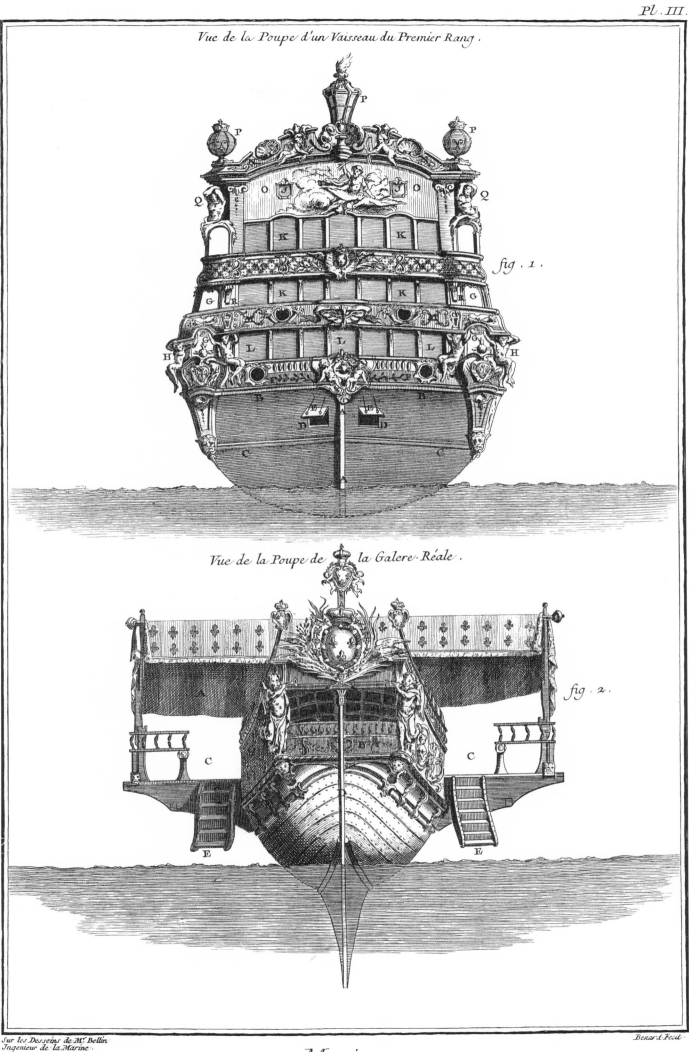

fig. 1.

Vue de la Poupe de la Galere-Réale.

fig. 2.

Sur les Desseins de M.ᵉ Bellin
Ingenieur de la Marine.

Benard Fecit.

Marine.

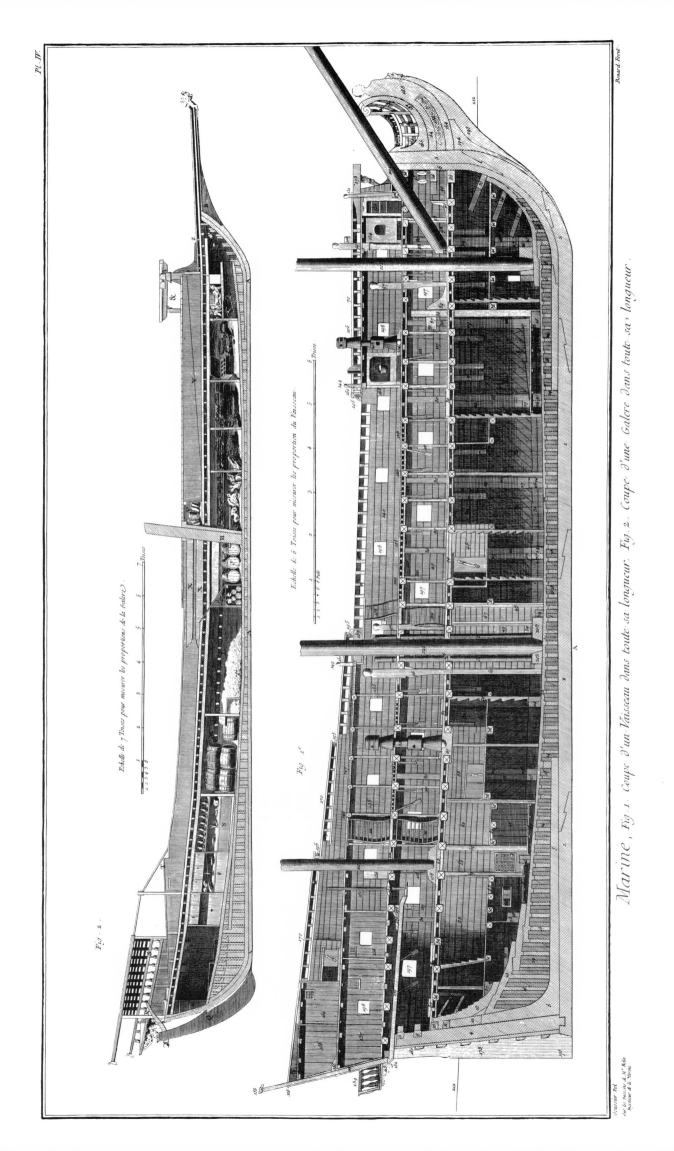

Pl. IV.

Fig. 2.

Echelle de 7 Toises pour mesurer les proportions de la Galere.

7 Toises

Echelle de 6 Toises pour mesurer la proportion du Vaisseau.

6 Toises

Fig. 1.ᵉʳ

Marine, Fig. 1. Coupe d'un Vaisseau dans toute sa longueur. Fig. 2. Coupe d'une Galere dans toute sa longueur.

Pl. V.

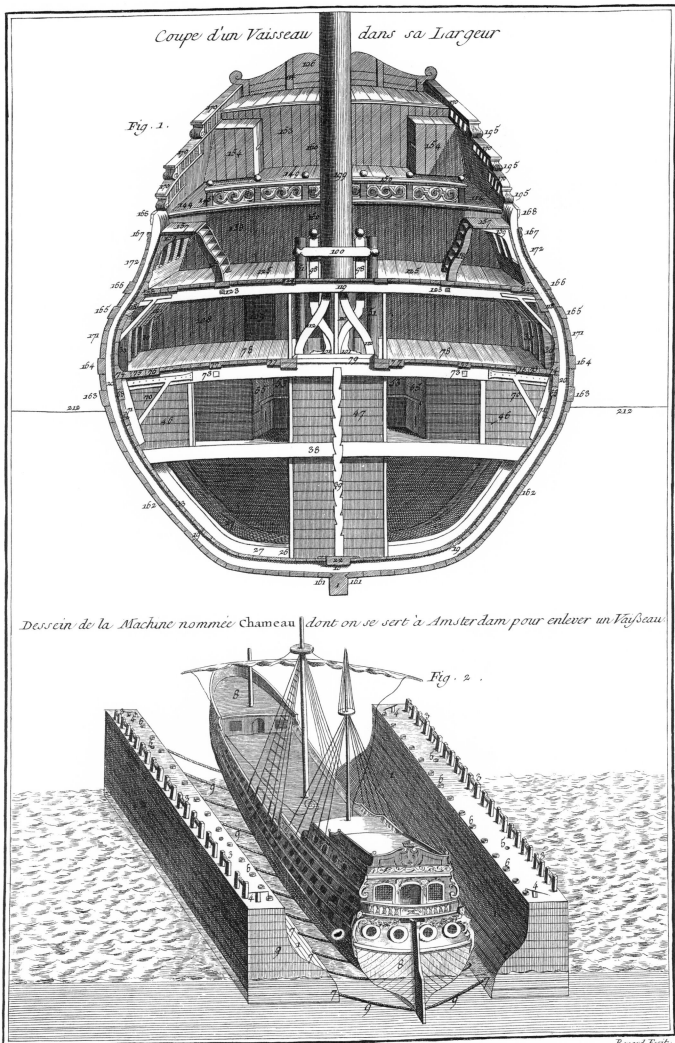

Coupe d'un Vaisseau dans sa Largeur

Fig. 1.

Dessein de la Machine nommée Chameau dont on se sert à Amsterdam pour enlever un Vaisseau.

Fig. 2.

Goussier Del.
Sur les Desseins de Mr. Belin
Ingénieur de la Marine.

Benard Fecit.

Marine

Pl. VI.

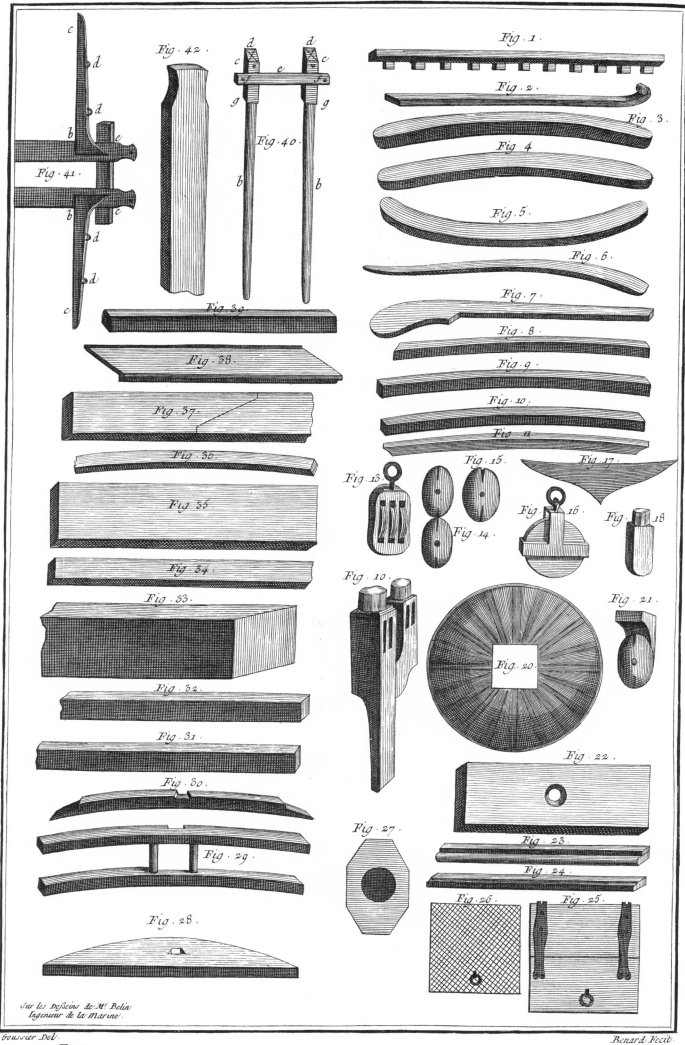

Fig. 1.
Fig. 2.
Fig. 3.
Fig. 4.
Fig. 5.
Fig. 6.
Fig. 7.
Fig. 8.
Fig. 9.
Fig. 10.
Fig. 11.

Fig. 42.
Fig. 41.
Fig. 40.
Fig. 39.
Fig. 38.
Fig. 37.
Fig. 36.
Fig. 35.
Fig. 34.
Fig. 33.
Fig. 32.
Fig. 31.
Fig. 30.
Fig. 29.
Fig. 28.

Fig. 13.
Fig. 14.
Fig. 15.
Fig. 16.
Fig. 17.
Fig. 18.
Fig. 10.
Fig. 20.
Fig. 21.
Fig. 22.
Fig. 23.
Fig. 24.
Fig. 25.
Fig. 26.
Fig. 27.

Sur les Desseins de Mr. Belin
Ingenieur de la Marine.

Goussier Del.

Benard Fecit.

Marine, Desseins de Différentes Pieces qui entrent dans la construction des Vaisseaux.

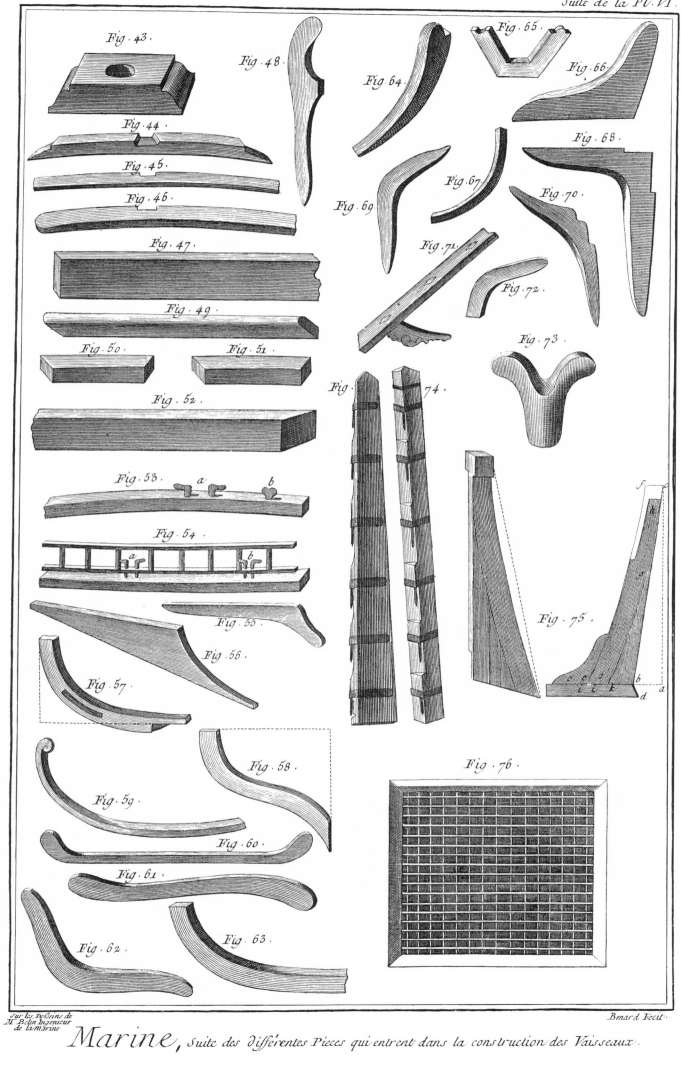

Fig. 43. Fig. 44. Fig. 45. Fig. 46. Fig. 47. Fig. 48. Fig. 49. Fig. 50. Fig. 51. Fig. 52. Fig. 53. Fig. 54. Fig. 55. Fig. 56. Fig. 57. Fig. 58. Fig. 59. Fig. 60. Fig. 61. Fig. 62. Fig. 63. Fig. 64. Fig. 65. Fig. 66. Fig. 67. Fig. 68. Fig. 69. Fig. 70. Fig. 71. Fig. 72. Fig. 73. Fig. 74. Fig. 75. Fig. 76.

Benard Fecit.

Marine, Suite des différentes Pieces qui entrent dans la construction des Vaisseaux.

Pl. VII

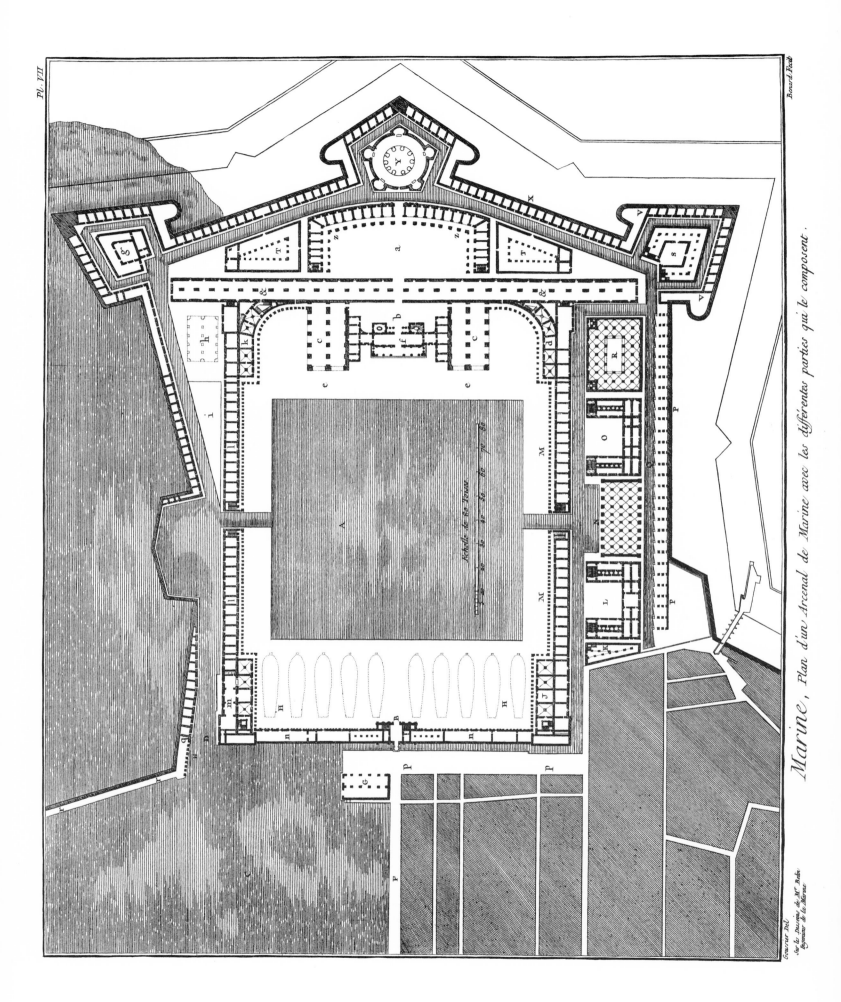

Échelle de 60 Toises.

Marine, Plan d'un Arsenal de Marine avec les différentes parties qui le composent.

Graveur Del.
Sur le Bureau de M.r Babu
Ingénieur de la Marine

Pl. VIII.

Benard Fecit.

Marine, Chantier de Construction.

Goussier Del.
Sur les Desseins de Mr. Bahn
Ingenieur de la Marine.

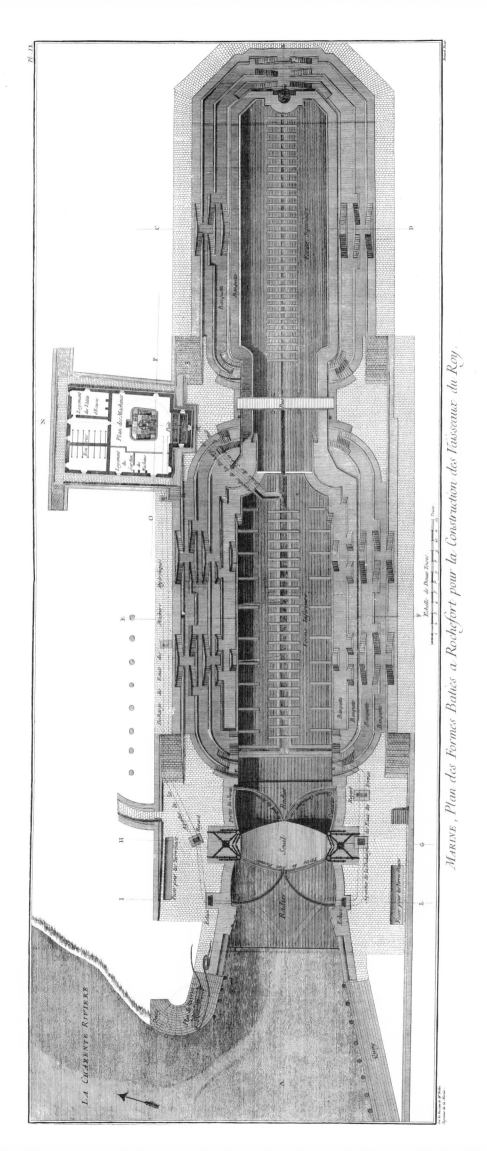

Pl. IX.

MARINE, Plan des Formes Baties a Rochefort pour la Construction des Vaisseaux du Roy.

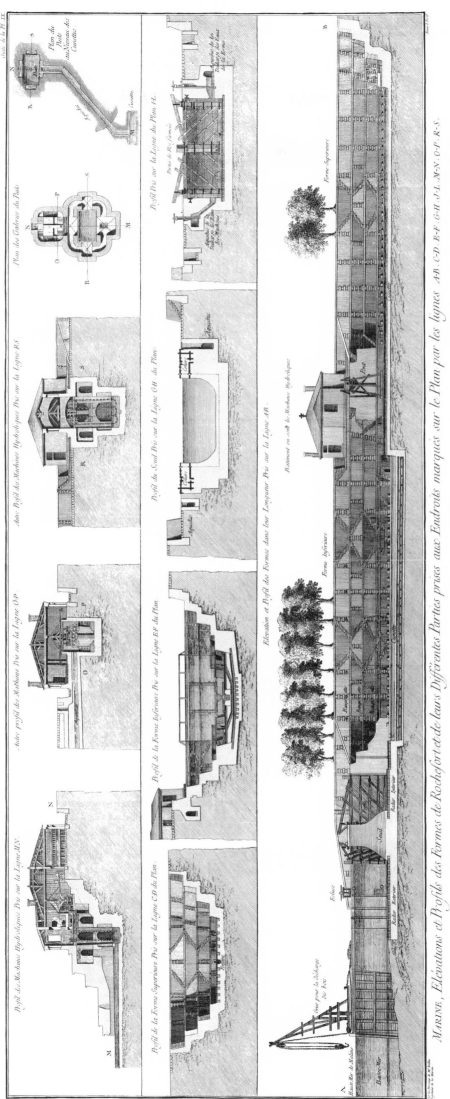

Suite de la Pl. IX

Plan du Puits au Niveau des Cuvettes.

Plan des Galeries du Puits.

Profil Pris sur la Ligne du Plan H.L.

Profil des Machines Hydrauliques Pris sur la Ligne MN.

Autre profil des Machines Pris sur la Ligne OP.

Autre Profil des Machines Hydrauliques Pris sur la Ligne RS.

Profil du Seuil Pris sur la Ligne GH. du Plan.

Profil de la Forme Supérieure Pris sur la Ligne CD du Plan.

Profil de la Forme Inférieure Pris sur la Ligne EF du Plan.

Elévation et Profil des Formes dans leur Longueur Pris sur la Ligne AB.

Bâtiment ou sont les Machines Hydrauliques.

MARINE, Elévations et Profils des Formes de Rochefort et de leurs Différentes Parties prises aux Endroits marqués sur le Plan par les lignes A-B. C-D. E-F. G-H. J-L. M-N. O-P. R-S.

Pl. X.

Plan d'une Etuve double avec ses dependances
pour Goudroner les Cordages.

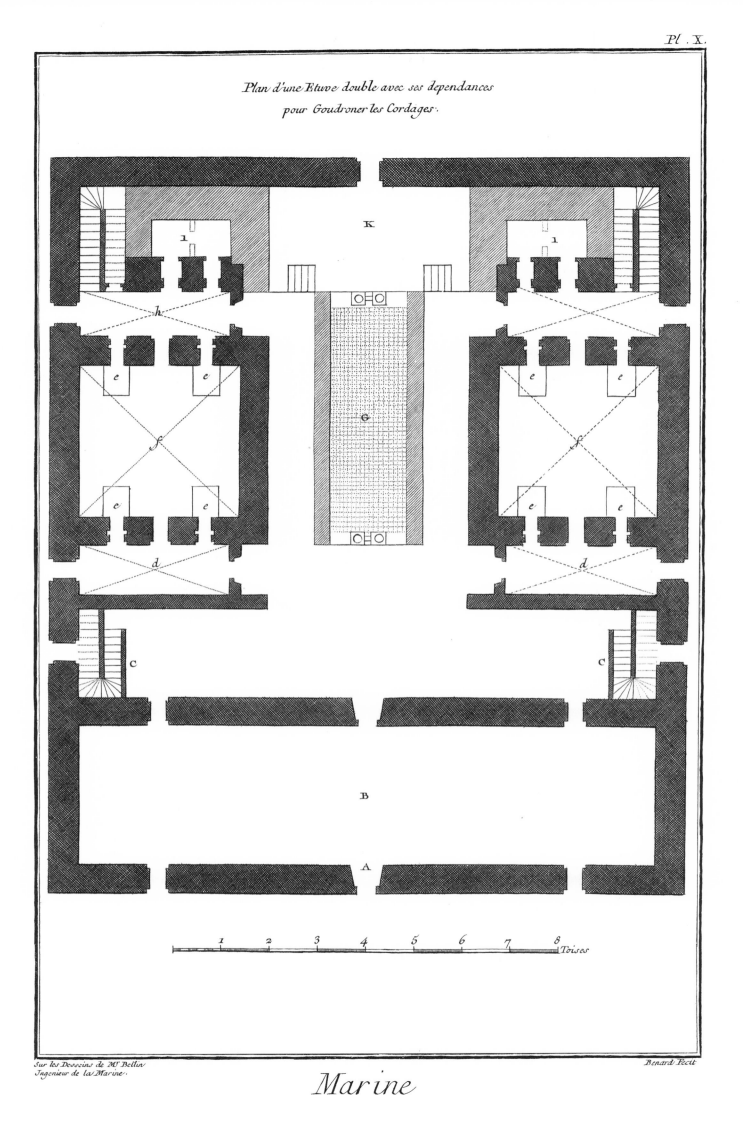

Sur les Desseins de M.ᵣ Bellin
Ingenieur de la Marine.

Benard Fecit

Marine

Pl. XI.

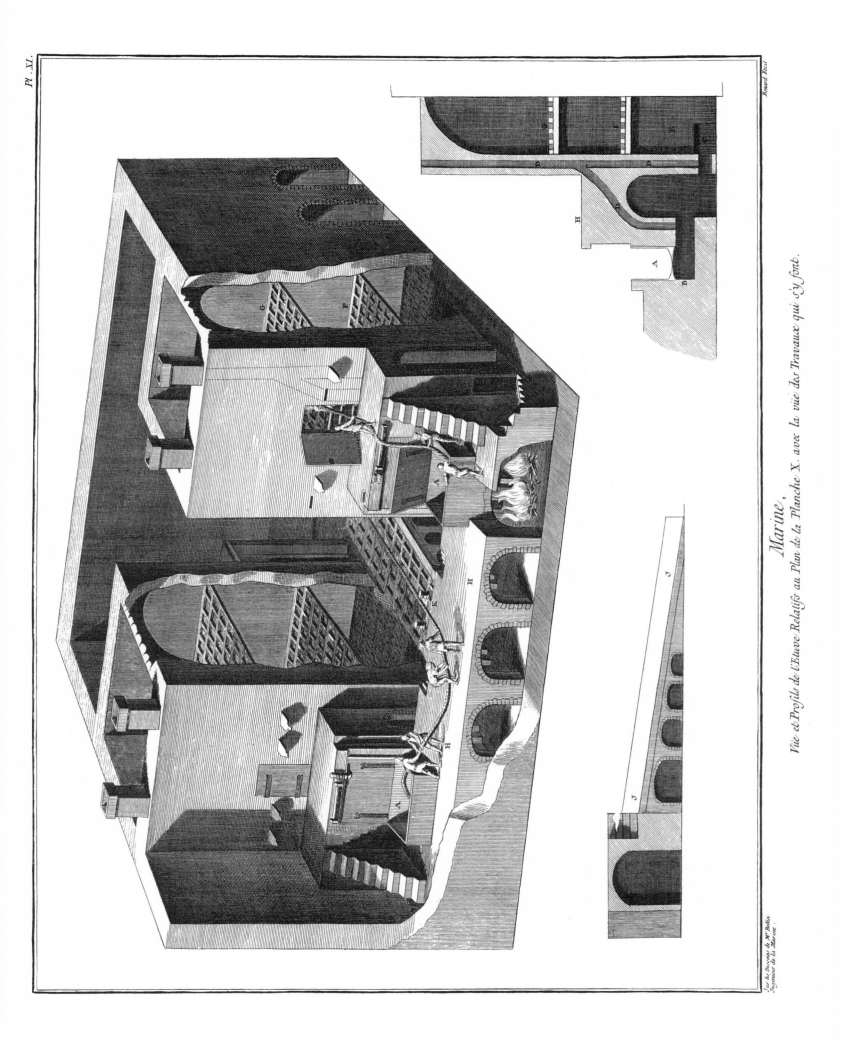

Marine,

Vûe et Profils de l'Œuvre Relatifs au Plan de la Planche X. avec la vûe des Travaux qui s'y font.

Sur le Dessein de Mr. Bellin, Ingenieur de la Marine.

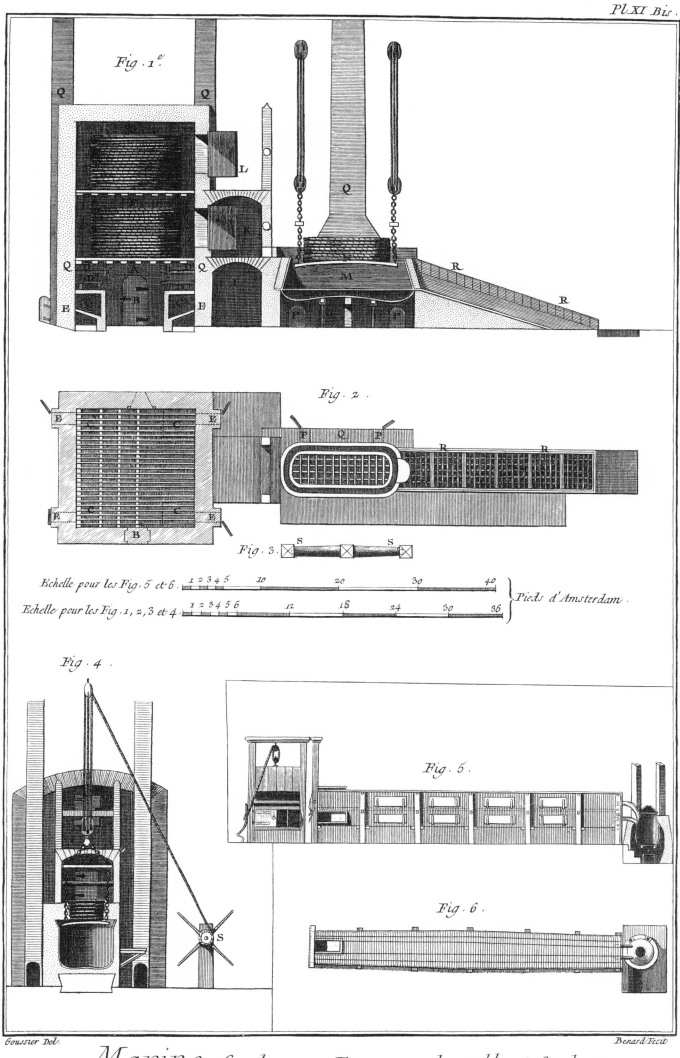

Pl. XI Bis.

Fig. 1.

Fig. 2.

Fig. 3.

Echelle pour les Fig. 5 et 6.   1 2 3 4 5   10   20   30   40
Echelle pour les Fig. 1, 2, 3 et 4.   1 2 3 4 5 6   12   18   24   30   36   } Pieds d'Amsterdam.

Fig. 4.

Fig. 5.

Fig. 6.

Goussier Del.   Benard Fecit.

Marine, Gaudronage, Etuve pour les Cables et Cordages,
dont se servent les Hollandois

Pl. XII.

Buche *ou* Flibot.

Fig. 2.

Boier *espece de Bateau.*

Fig. 1.

Sur les Desseins de Mr Belin
Ingénieur de la Marine

Benard Fecit

Marine

Pl. XIII.

Yacht ou Yac . Petit Batiment propre pour
de Petites Traversées .

fig . 2.

Hourque ou Houcre . Petit Batiment inventé par les
Hollandais pour naviguer dans leurs Canaux .

fig . 1.

Sur les Desseins de Mr. Bellin
Ingenieur de la Marine

Marine

Benard Fecit

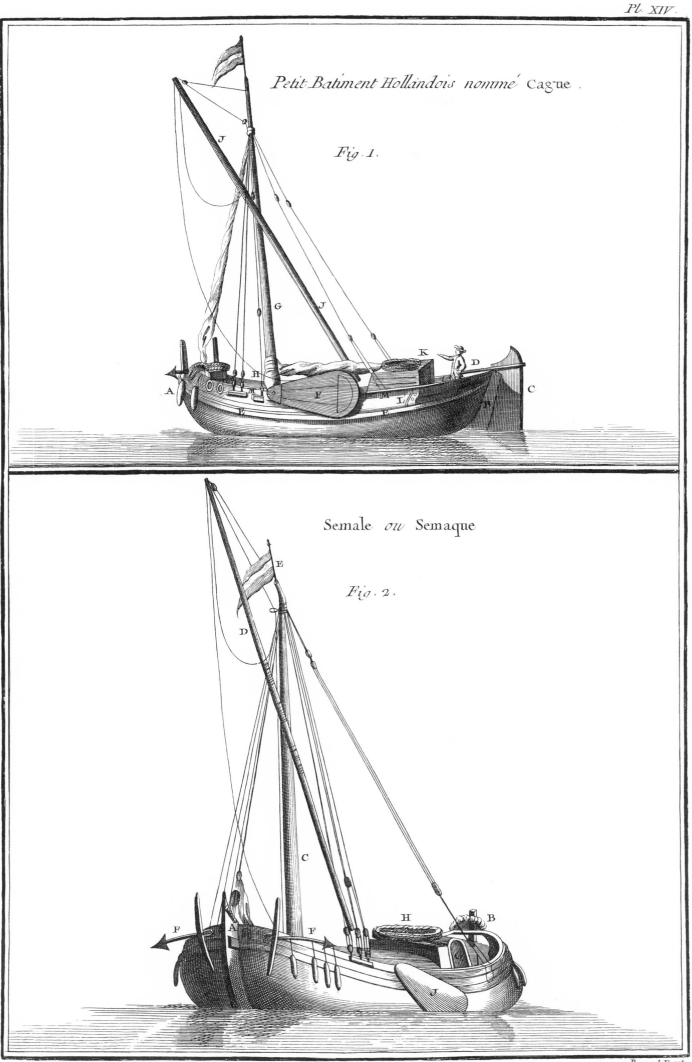

Pl. XIV.

Petit Batiment Hollandois nommé Cague.

Fig. 1.

Semale *ou* Semaque

Fig. 2.

Sur les Desseins de M⁰. Belin
Ingenieur de la Marine

Benard Fecit.

Marine.

Pl. XV.

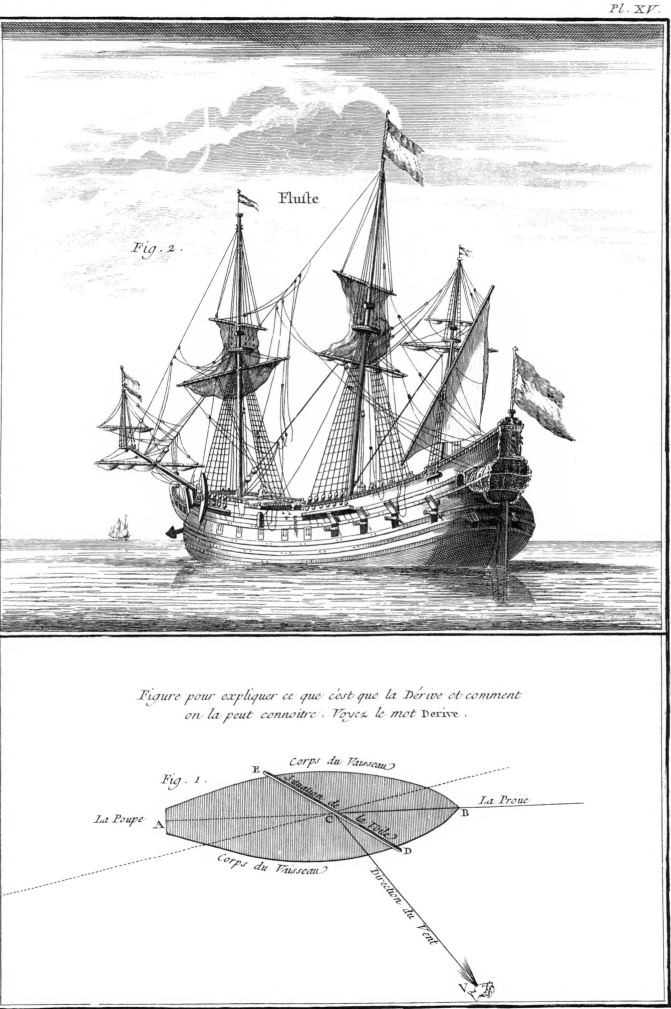

Fluste

Fig. 2.

Figure pour expliquer ce que c'est que la Dérive et comment
on la peut connoître. Voyez le mot Derive.

Corps du Vaisseau

Fig. 1.

La Proüe

La Poupe

E

B

A

C

D

Corps du Vaisseau

Direction du Vent

V

Goussier Del.

Benard Fecit.

Sur les Desseins de Mr
Belin Ingr. de la Marine

Marine, Batiment appellé Fluste.

Pl. XVI.

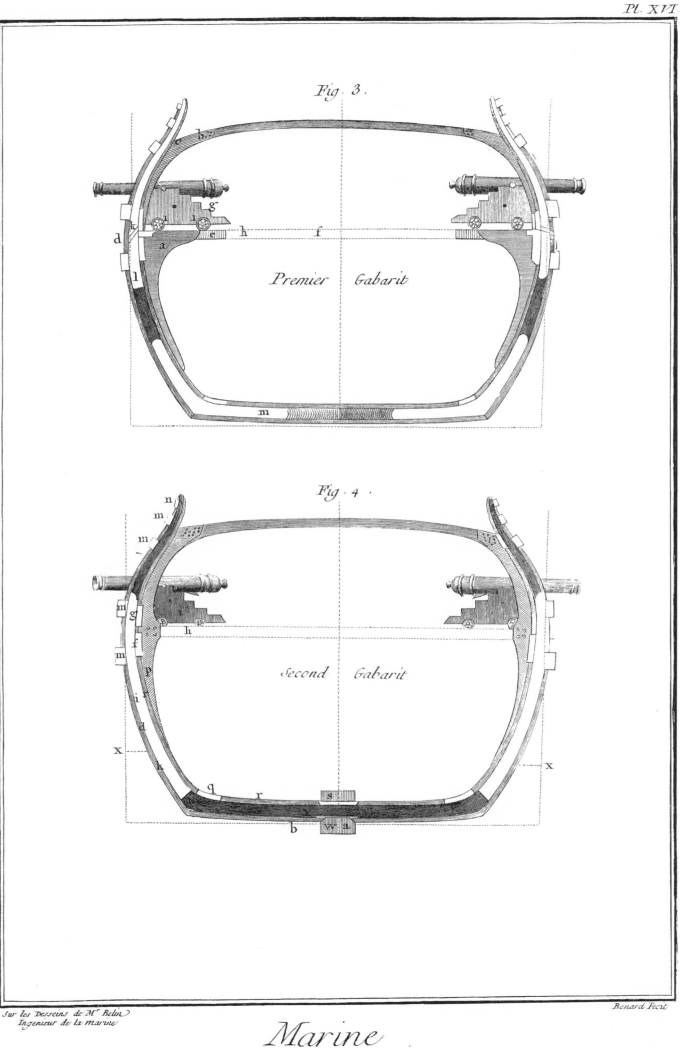

Fig. 3.

Premier Gabarit

Fig. 4.

Second Gabarit

Sur les Desseins de M. Belin
Ingenieur de la marine

Benard Fecit.

Marine.

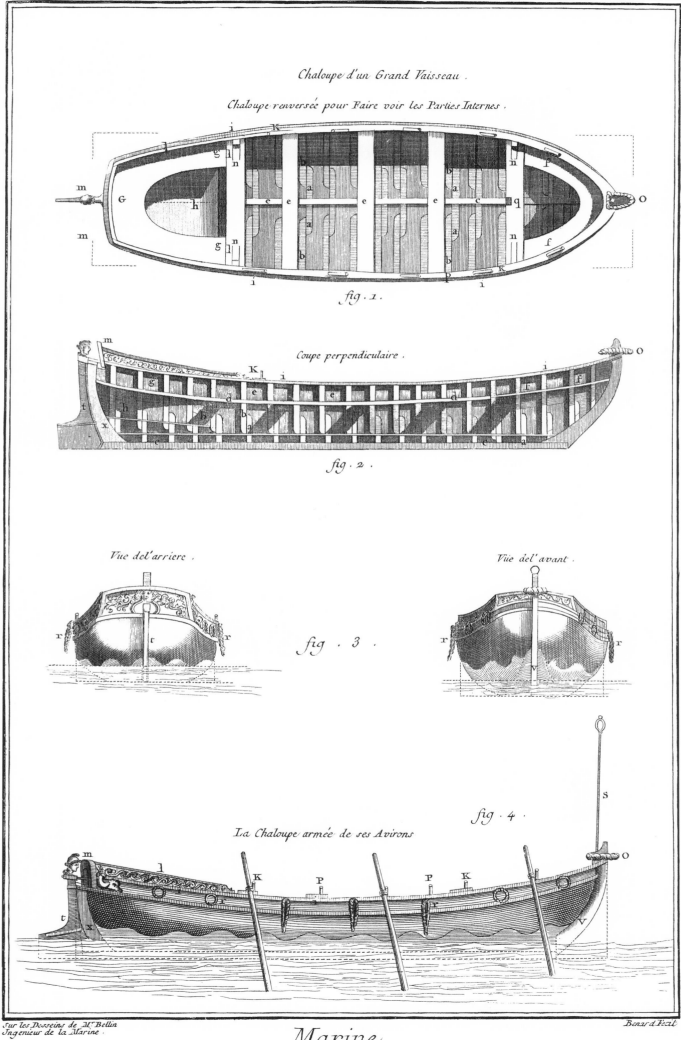

Chaloupe d'un Grand Vaisseau.

Chaloupe renversée pour Faire voir les Parties Internes.

fig. 1.

Coupe perpendiculaire.

fig. 2.

Vue del'arriere.

Vue del'avant.

fig. 3.

fig. 4.

La Chaloupe armée de ses Avirons.

Sur les Desseins de Mr. Bellin
Ingenieur de la Marine.

Benard Fecit.

Marine.

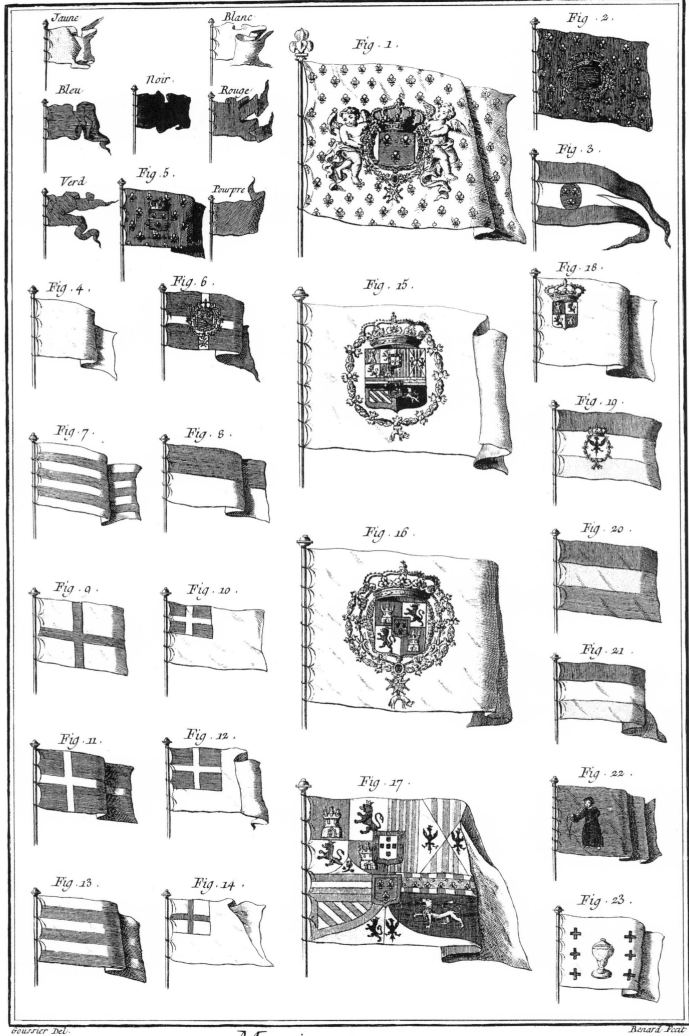

Pl. XVII.

Jaune

Blanc

Fig. 1.

Fig. 2.

Bleu

Noir.

Rouge

Fig. 3.

Verd

Fig. 5.

Pourpre

Fig. 4.

Fig. 6.

Fig. 15.

Fig. 18.

Fig. 7.

Fig. 8.

Fig. 19.

Fig. 9.

Fig. 10.

Fig. 16.

Fig. 20.

Fig. 21.

Fig. 11.

Fig. 12.

Fig. 22.

Fig. 13.

Fig. 14.

Fig. 17.

Fig. 23.

Goussier Del.

Benard Fecit

Marine, Pavillons.

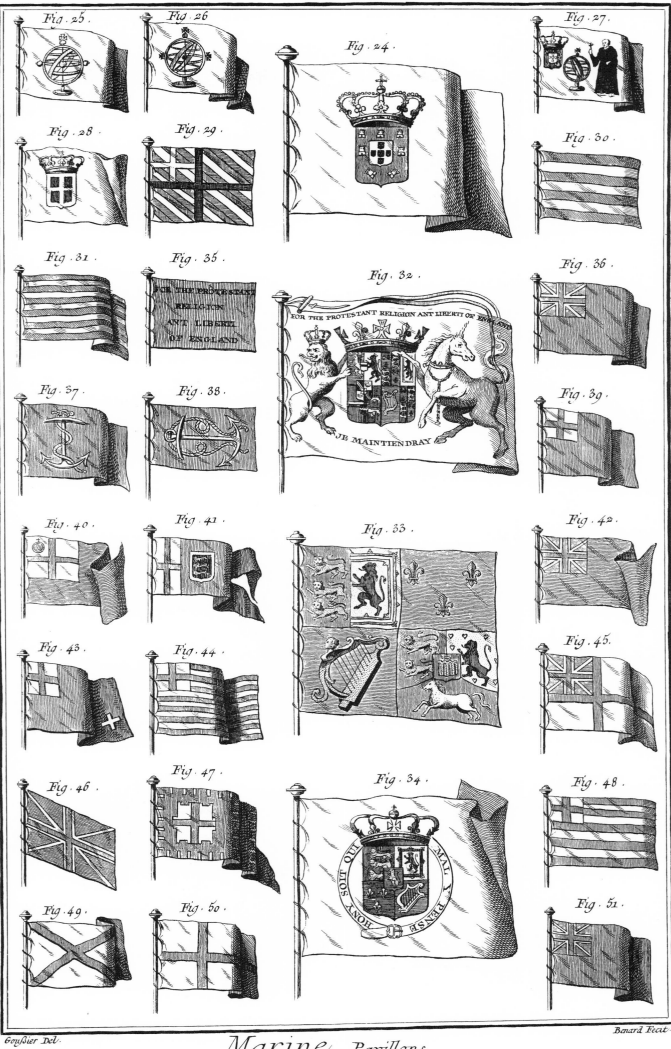

Fig. 25. Fig. 26. Fig. 24. Fig. 27.

Fig. 28. Fig. 29. Fig. 30.

Fig. 31. Fig. 35. Fig. 32. Fig. 36.

Fig. 37. Fig. 38. Fig. 39.

Fig. 40. Fig. 41. Fig. 33. Fig. 42.

Fig. 43. Fig. 44. Fig. 45.

Fig. 46. Fig. 47. Fig. 34. Fig. 48.

Fig. 49. Fig. 50. Fig. 51.

Goußier Del.

Benard Fecit.

Marine, Pavillons.

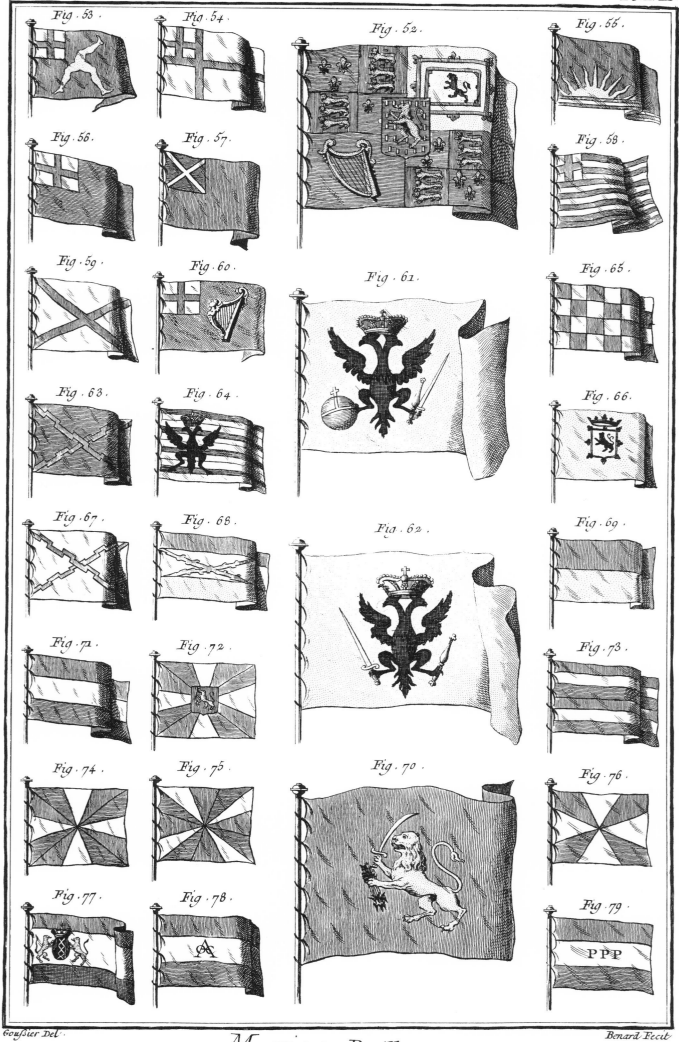

Pl. XVIII.

Fig. 53.

Fig. 54.

Fig. 52.

Fig. 55.

Fig. 56.

Fig. 57.

Fig. 58.

Fig. 59.

Fig. 60.

Fig. 61.

Fig. 65.

Fig. 63.

Fig. 64.

Fig. 66.

Fig. 67.

Fig. 68.

Fig. 62.

Fig. 69.

Fig. 71.

Fig. 72.

Fig. 73.

Fig. 74.

Fig. 75.

Fig. 70.

Fig. 76.

Fig. 77.

Fig. 78.

Fig. 79.

Goussier Del.

Benard Fecit.

Marine, Pavillons.

Fig. 80. Fig. 81. Fig. 82. Fig. 83. Fig. 84. Fig. 85. Fig. 86. Fig. 87. Fig. 88. Fig. 89. Fig. 90. Fig. 91. Fig. 92. Fig. 93. Fig. 94. Fig. 95. Fig. 96. Fig. 97. Fig. 98. Fig. 99. Fig. 100. Fig. 101. Fig. 102. Fig. 103. Fig. 104. Fig. 105. Fig. 106.

Goussier Del.

Benard Fecit.

Marine, Pavillons.

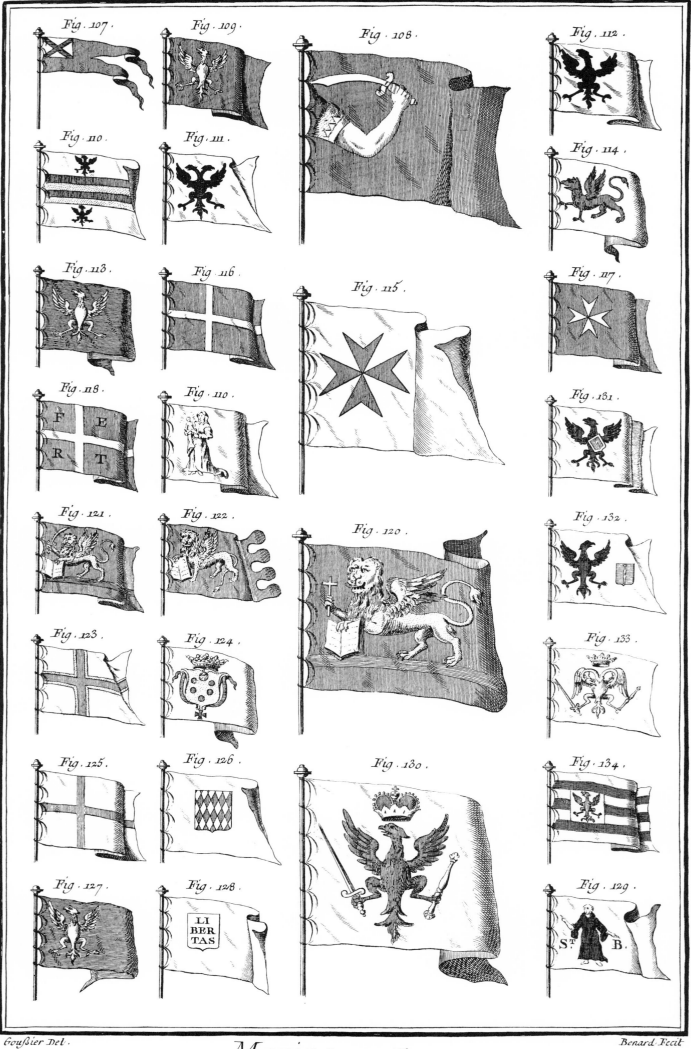

Pl. XIX.

Fig. 107. Fig. 109. Fig. 108. Fig. 112.
Fig. 110. Fig. 111. Fig. 114.
Fig. 113. Fig. 116. Fig. 115. Fig. 117.
Fig. 118. Fig. 119. Fig. 131.
Fig. 121. Fig. 122. Fig. 120. Fig. 132.
Fig. 123. Fig. 124. Fig. 133.
Fig. 125. Fig. 126. Fig. 130. Fig. 134.
Fig. 127. Fig. 128. Fig. 129.

Goußier Del.

Benard Fecit.

Marine, Pavillons

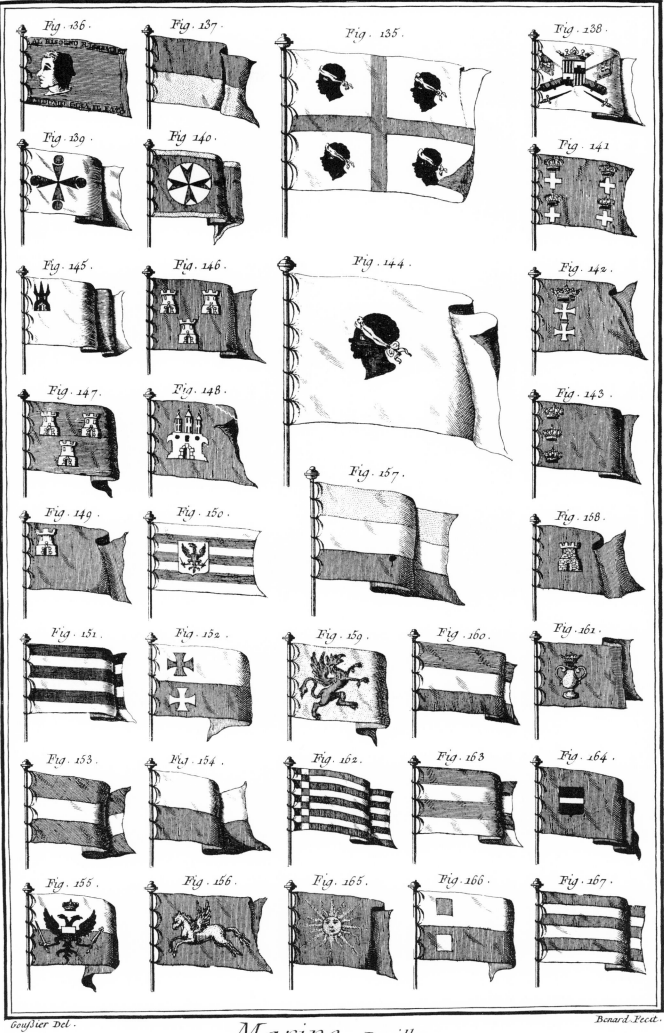

Fig. 136. Fig. 137. Fig. 135. Fig. 138.
Fig. 139. Fig. 140. Fig. 141.
Fig. 145. Fig. 146. Fig. 144. Fig. 142.
Fig. 147. Fig. 148. Fig. 143.
Fig. 149. Fig. 150. Fig. 157. Fig. 158.
Fig. 151. Fig. 152. Fig. 159. Fig. 160. Fig. 161.
Fig. 153. Fig. 154. Fig. 162. Fig. 163. Fig. 164.
Fig. 155. Fig. 156. Fig. 165. Fig. 166. Fig. 167.

Goußier Del.

Benard Fecit.

Marine, Pavillons.

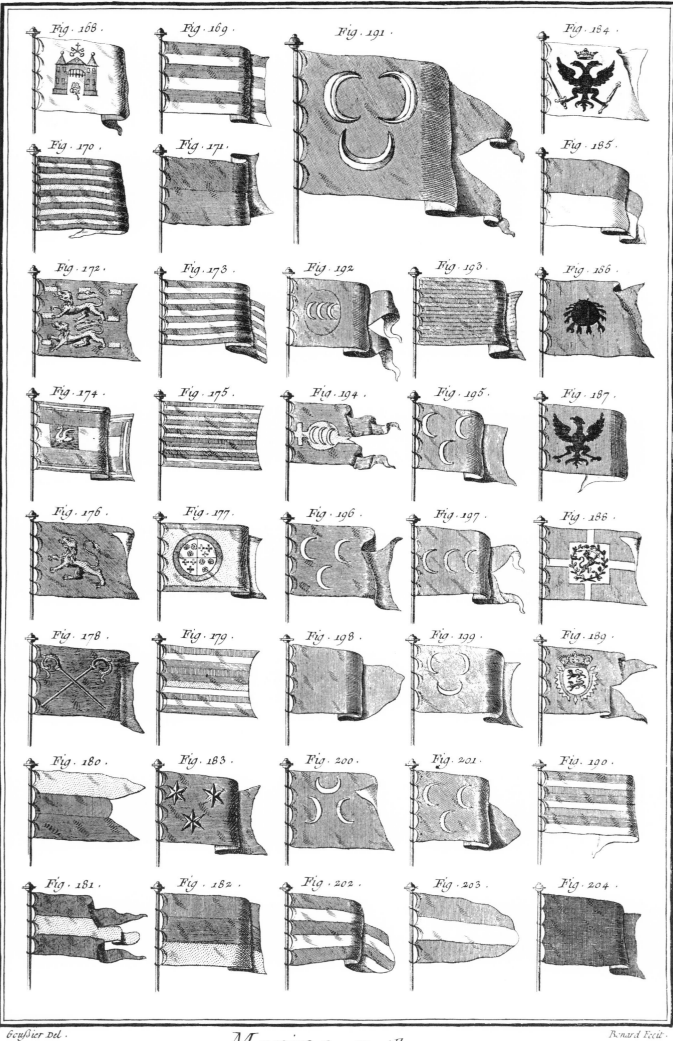

Pl. XX.

Fig. 168.   Fig. 169.   Fig. 191.   Fig. 184.

Fig. 170.   Fig. 171.   Fig. 185.

Fig. 172.   Fig. 173.   Fig. 192.   Fig. 193.   Fig. 186.

Fig. 174.   Fig. 175.   Fig. 194.   Fig. 195.   Fig. 187.

Fig. 176.   Fig. 177.   Fig. 196.   Fig. 197.   Fig. 188.

Fig. 178.   Fig. 179.   Fig. 198.   Fig. 199.   Fig. 189.

Fig. 180.   Fig. 183.   Fig. 200.   Fig. 201.   Fig. 190.

Fig. 181.   Fig. 182.   Fig. 202.   Fig. 203.   Fig. 204.

Goussier Del.

Benard Fecit.

Marine, Pavillons.

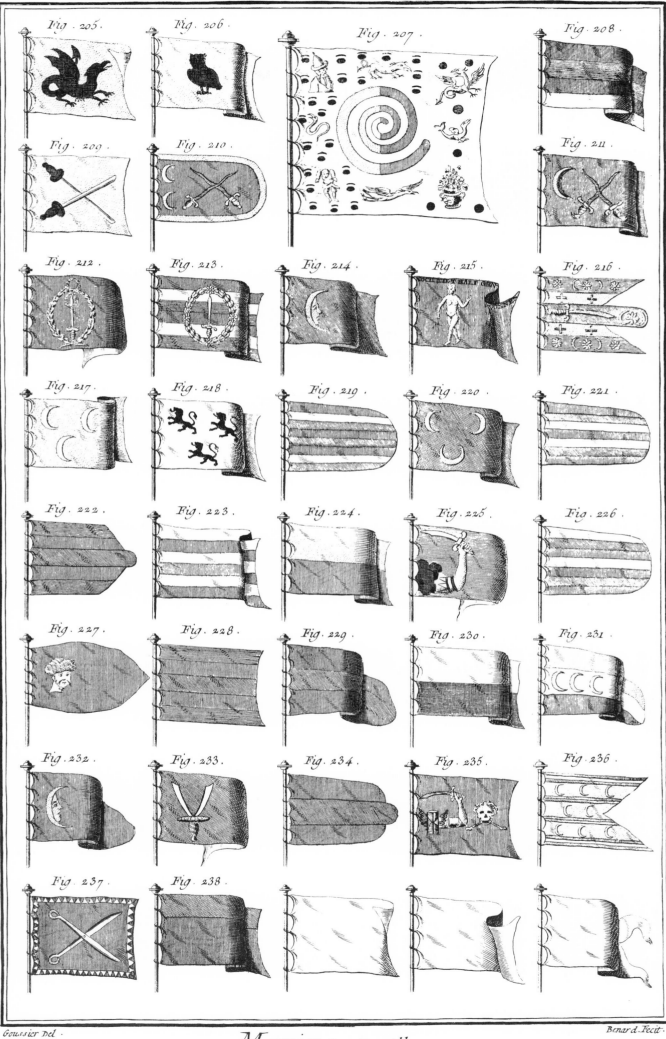

Fig. 205. Fig. 206. Fig. 207. Fig. 208.

Fig. 209. Fig. 210. Fig. 211.

Fig. 212. Fig. 213. Fig. 214. Fig. 215. Fig. 216.

Fig. 217. Fig. 218. Fig. 219. Fig. 220. Fig. 221.

Fig. 222. Fig. 223. Fig. 224. Fig. 225. Fig. 226.

Fig. 227. Fig. 228. Fig. 229. Fig. 230. Fig. 231.

Fig. 232. Fig. 233. Fig. 234. Fig. 235. Fig. 236.

Fig. 237. Fig. 238.

Goussier Del.

Benard Fecit.

Marine, Pavillons.

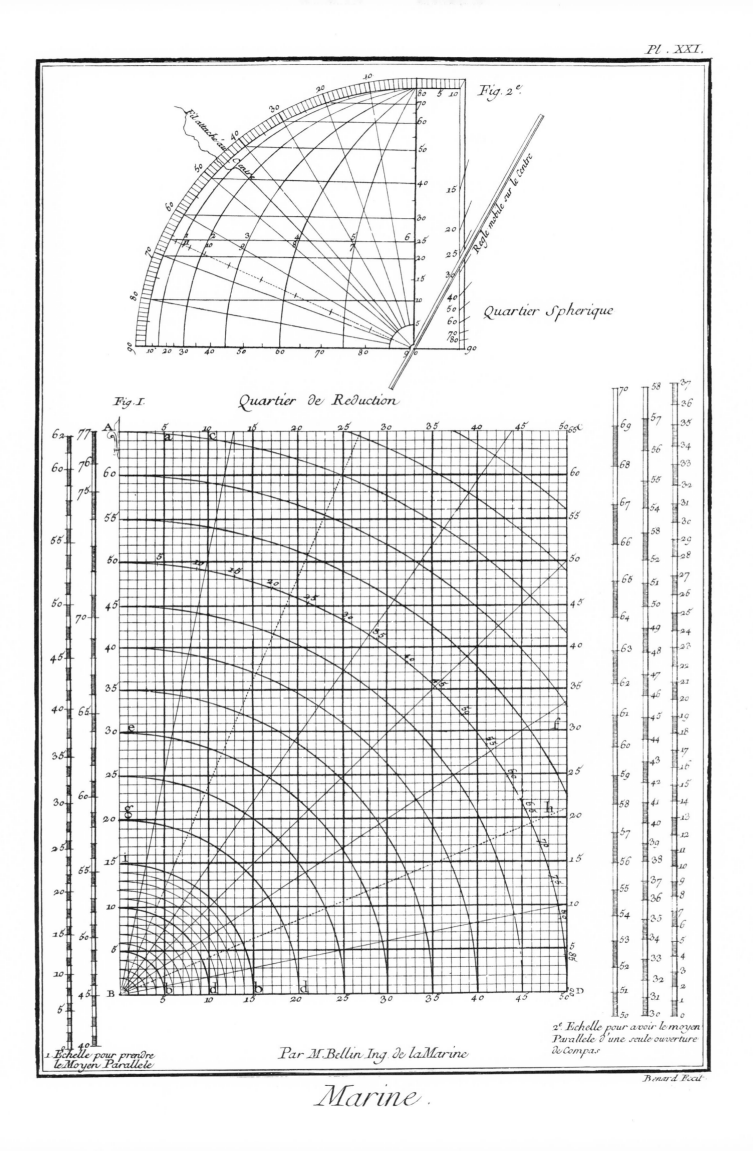

Pl. XXI.

Fig. 2.ᵉ

Quartier Spherique

Fig. I.

Quartier de Reduction

1. Echelle pour prendre le Moyen Parallele

Par M. Bellin Ing. de la Marine

2.ᵉ Echelle pour avoir le moyen Parallele d'une seule ouverture de Compas

Marine.

Benard Fecit

Pl. XXII.

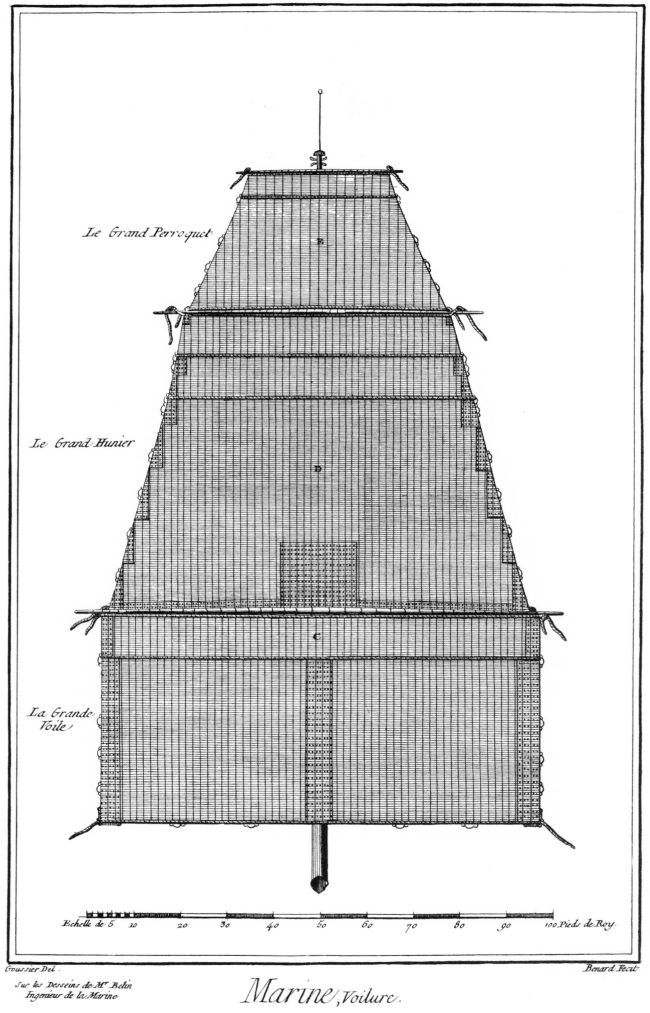

Le Grand Perroquet

Le Grand Hunier

La Grande
Voile

Echelle de 5   10   20   30   40   50   60   70   80   90   100 Pieds de Roy.

Goussier Del.

Benard Fecit.

Sur les Desseins de M.ᵉ Belin
Ingenieur de la Marine

Marine, Voilure.

Voyez dans le Dictionaire les articles Voiles et Voilures.

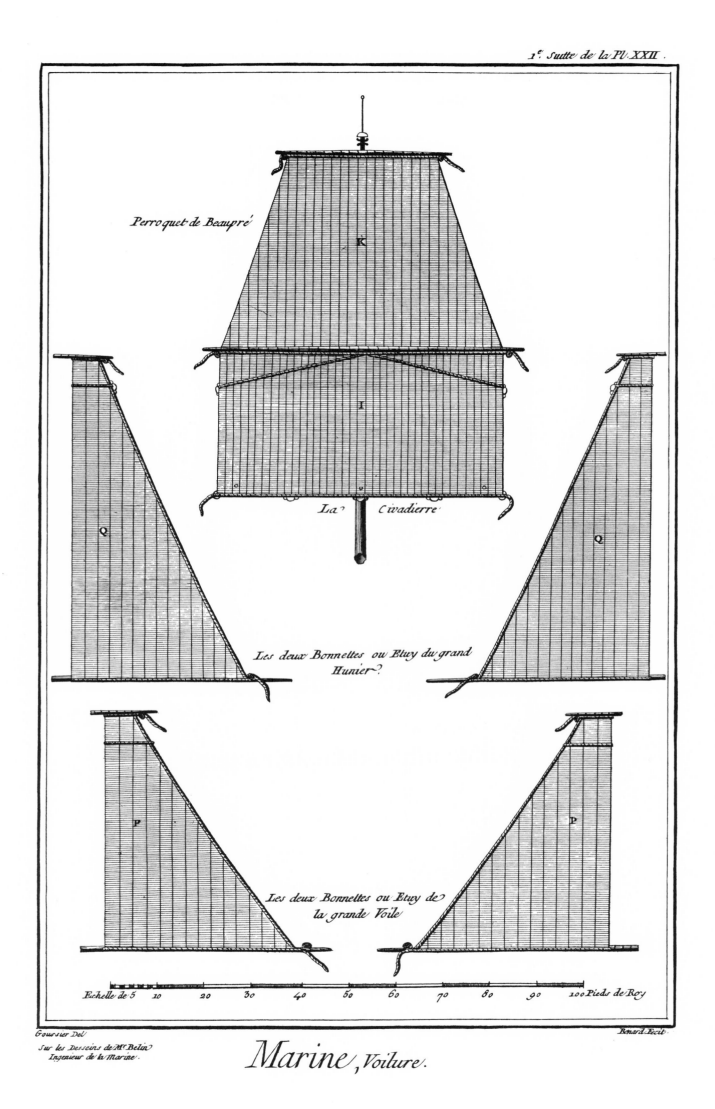

Perroquet de Beaupré

K

I

La Civadierre

Q

Q

Les deux Bonnettes ou Etuy du grand
Hunier.

P

P

Les deux Bonnettes ou Etuy de
la grande Voile.

Echelle de 5 10   20   30   40   50   60   70   80   9o   100 Pieds de Roy.

Goussier Del.   Benard Fecit.

Sur les Desseins de Mr Belin
Ingenieur de la Marine.

Marine, Voilure.

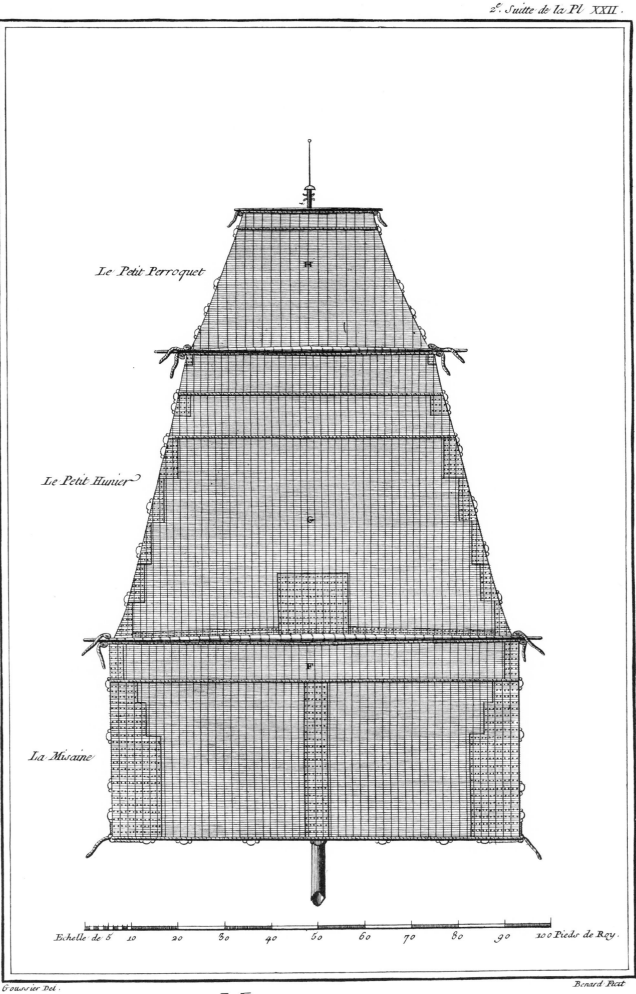

Le Petit Perroquet

Le Petit Hunier

La Misaine

Echelle de 5 10 20 30 40 50 60 70 80 90 100 Pieds de Roy.

Goussier Del.

Benard Fecit.

Sur les Desseins de Mr Belin
Ingenieur de la Marine

Marine, *Voilure*.

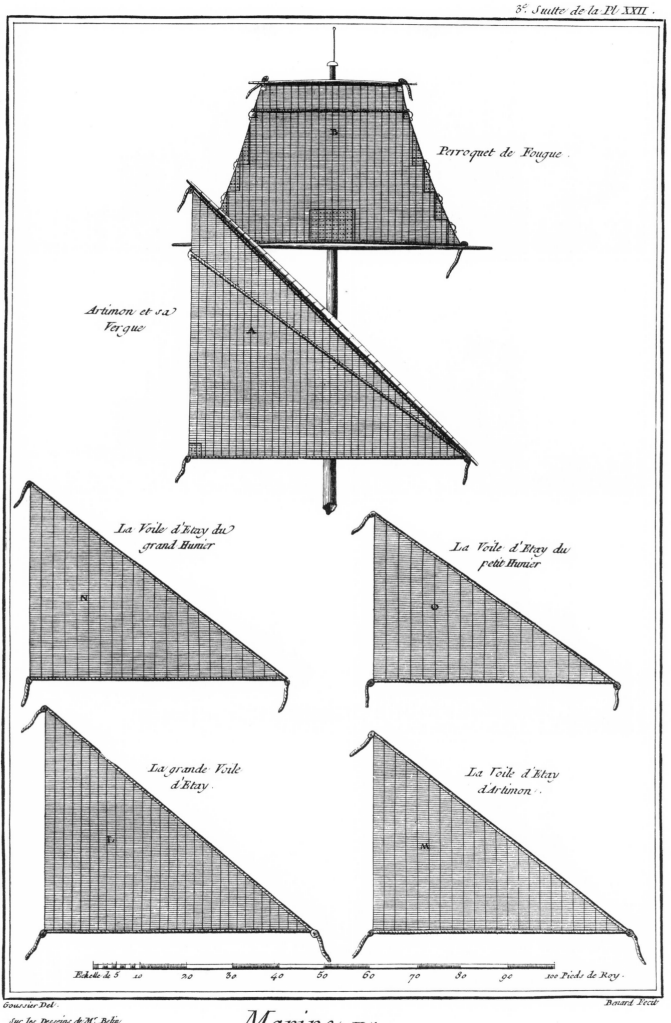

Parroquet de Fougue.

Artimon et sa
Vergue.

La Voile d'Etay du
grand Hunier.

La Voile d'Etay du
petit Hunier.

La grande Voile
d'Etay.

La Voile d'Etay
d'Artimon.

Echelle de 5 10   20   30   40   50   60   70   80   90   100 Pieds de Roy.

Goussier Del.

Benard Fecit

sur les Desseins de Mr. Belin
Ingenieur de la Marine

Marine, Voilure.

Pl. XXIII.

Fig. 1.   Fig. 2.

Fig. 3.   Fig. 4.

Fig. 5.   Fig. 6.

Fig. 7.   Fig. 8.

Benard Fecit.

Marine, Signaux de correspondance Maritime.
Signaux pour la nuit.

Pl. XXIV.

Benard Fecit.

Marine, Signaux de correspondance Maritime.
Signaux pour le jour.

Pl. XXV.

Marine, Signaux de correspondance Maritime.

Signaux de Reconnoiſſances de nuit et de jour et Signaux pendant la brune.

Benard Fecit.

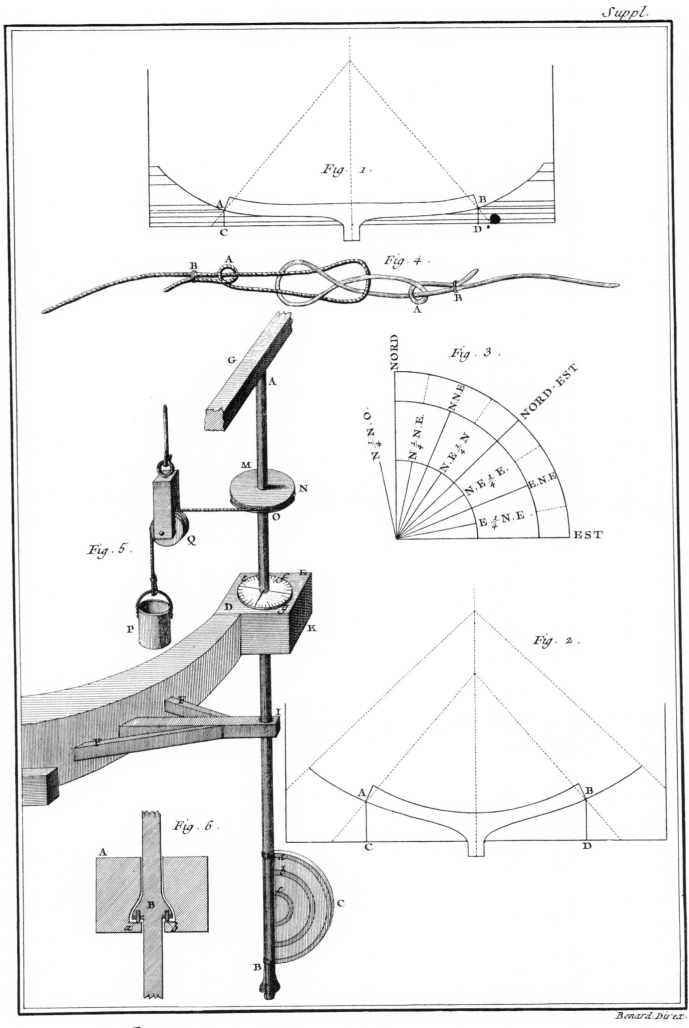

Fig. 1.

Fig. 4.

Fig. 3.

NORD

NORD-EST

N.N.E.

N.¼N.O.

N.¼N.E.

N.N.E.¼N.

N.E.¼N.

N.E.¼E.

E.N.E.

E.¼N.E.

EST

Fig. 5.

Fig. 2.

Fig. 6.

Architecture Navale, Trochometre &c.

MARINE, EVOLUTIONS NAVALES,

CONTENANT SEPT PLANCHES.

PLANCHE Iere.

*Fig.*1. MEthode générale pour joindre un vaiffeau qui eft fous le vent, par la route la plus courte.

2. Maniere de connoître fi l'on eft au vent ou fous le vent d'un autre vaiffeau à la voile.

3. Aller par le plus court chemin à un vaiffeau qu'on chaffe, & fur lequel on peut mettre le cap, fans louvoyer.

PLANCHE II.

*Fig.*4. Utilité du quarré pour une armée navale.

5. Ordre de marche au plus près du vent, fur une ligne.

6. Maniere de revirer par la contre-marche, au plus près du vent, fur une ligne.

PLANCHE III.

*Fig.*7. Revirer dans l'ordre de marche, au plus près du vent, fur une ligne.

8. Suite du même problême, au cas qu'après avoir fait revirer en même tems tous les vaiffeaux de la ligne A B, on remette le pavillon de Malte à la place du pavillon bleu.

PLANCHE IV.

*Fig.*9. Ordre de marche fur trois colonnes.

10. Ordre de marche par trois colonnes, au plus près du vent.

PLANCHE V.

Fig. 11. Autre ordre de marche fur trois colonnes, au plus près du vent. Faire donner vent à tous les vaiffeaux en même tems, un pavillon bleu au même endroit, le pavillon de Malte ôté.

12. L'armée marchant fur trois colonnes. Maniere de faire mettre en bataille l'efcadre de deffous le vent, mettant de panne un pavillon blanc, au-deffus de la vergue d'artimon.

PLANCHE VI.

Fig. 13. & 14. L'armée marchant fur trois colonnes, la mettre en bataille.

15. & 16. Ordre d'une armée qui force un paffage.

PLANCHE VII.

Fig. 17. & 18. Ordre de marche.

19. Ordre d'une armée qui garde un paffage.

20. Même problême, du vent de nord-oueft.

21. Même problême, du vent d'eft.

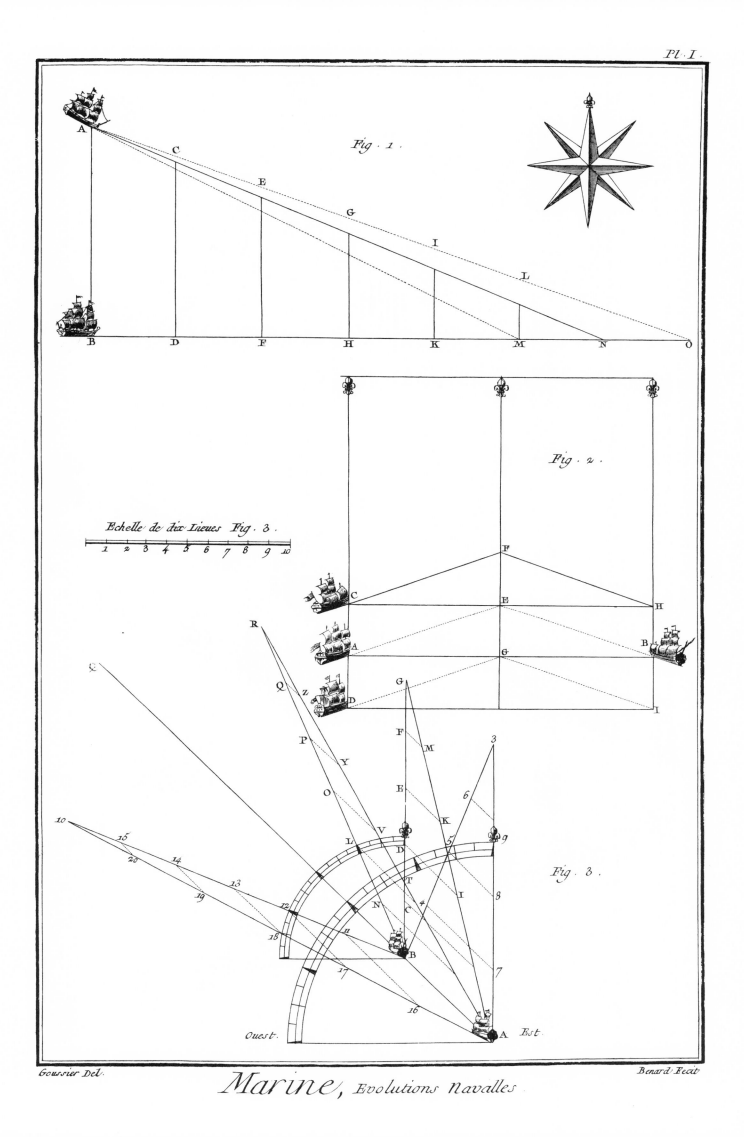

Pl. I.

Fig. 1.

Fig. 2.

Echelle de dix Lieues Fig. 3.
1 2 3 4 5 6 7 8 9 10

Fig. 3.

Ouest.   Est.

Goussier Del.   Benard Fecit.

Marine, Evolutions Navalles.

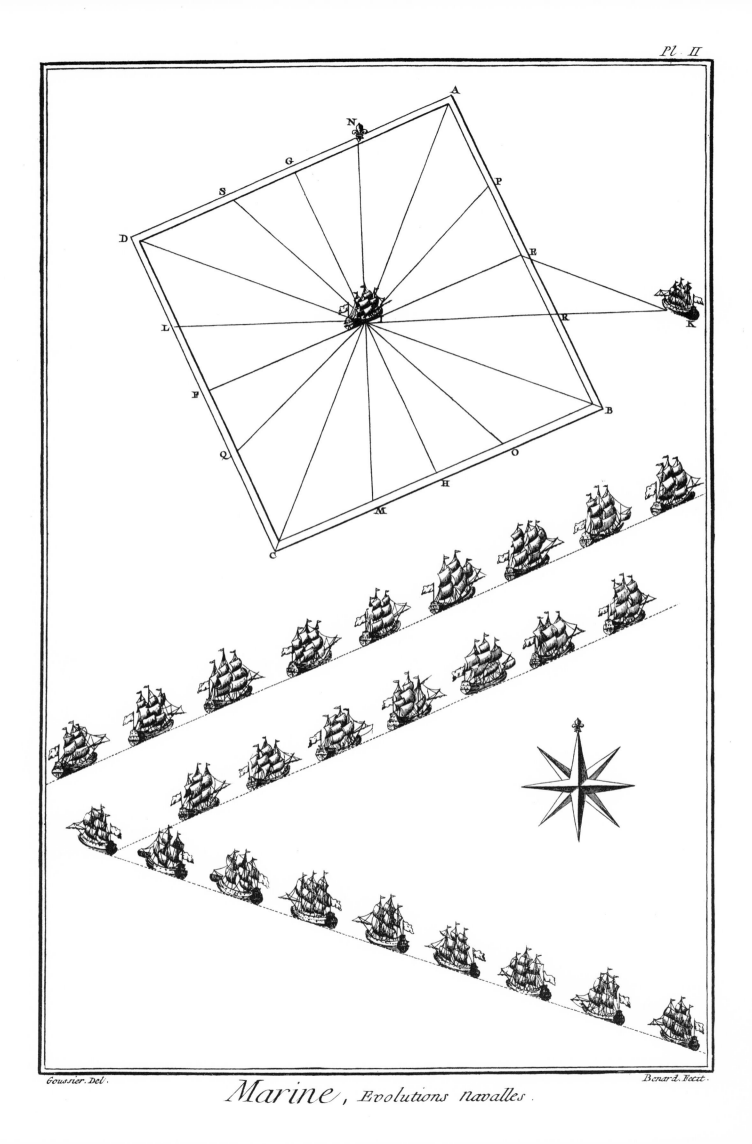

Pl. II

Goussier. Del.

Benard. Fecit.

Marine, Evolutions Navalles.

Pl. III.

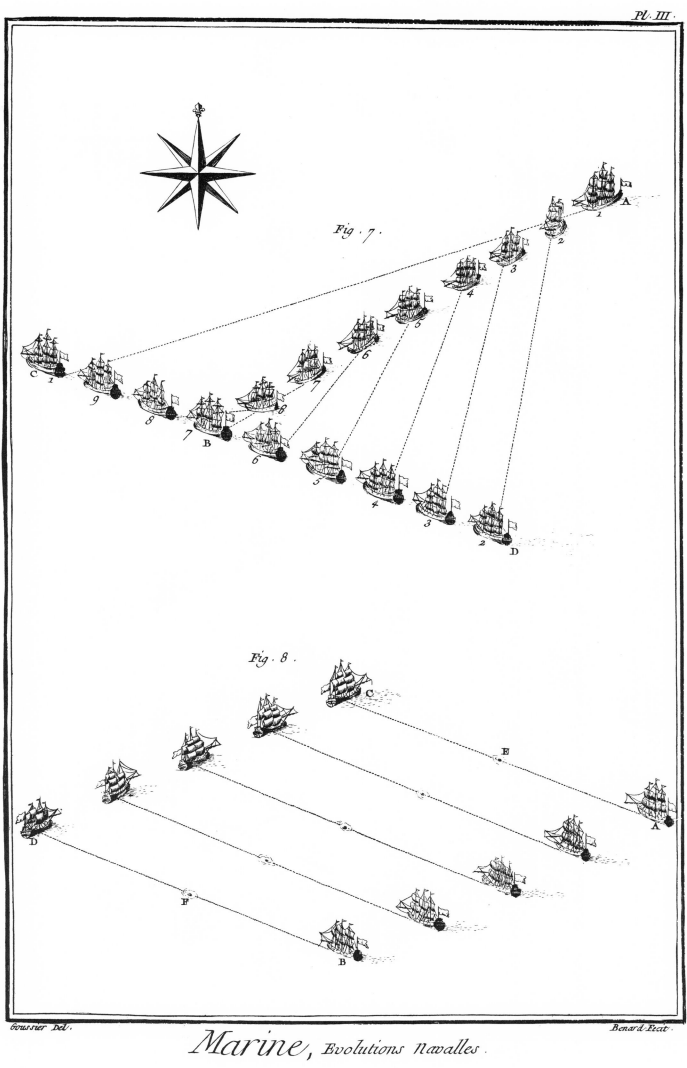

Fig. 7.

Fig. 8.

Goussier Del.

Benard Fecit.

Marine, Evolutions Navalles.

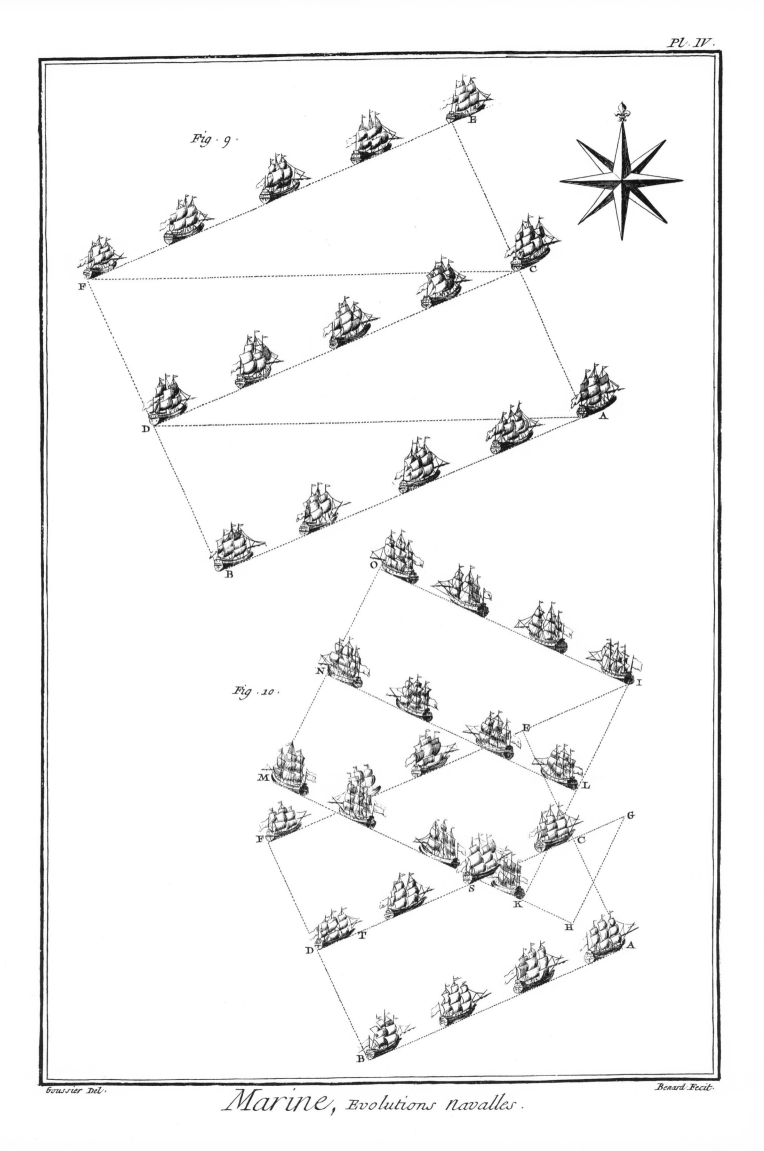

Pl. IV.

Fig. 9.

Fig. 10.

Goussier Del.

Benard Fecit.

Marine, *Evolutions navalles*.

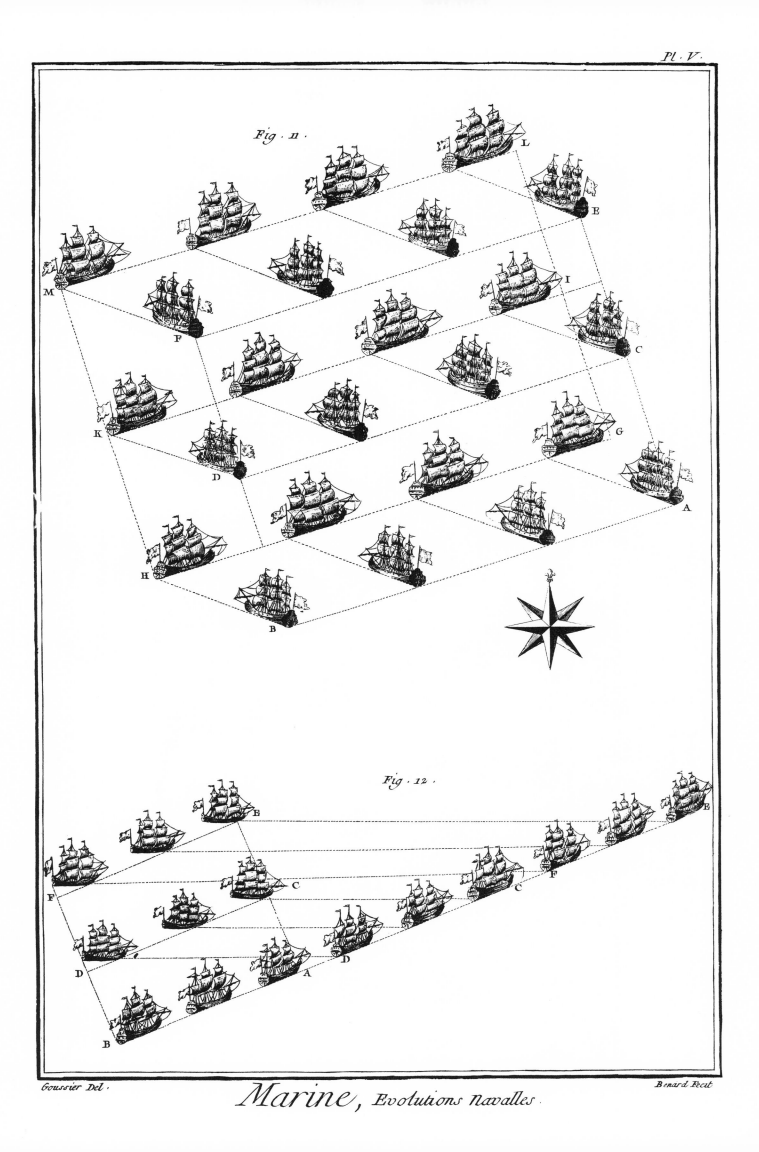

Pl. V.

Fig. 11.

Fig. 12.

Goussier Del.

Benard Fecit.

Marine, Evolutions Navalles.

Pl. VI.

Marine, *Evolutions Navalles*.

Goussier Del.

Benard Fecit.

Pl. VII.

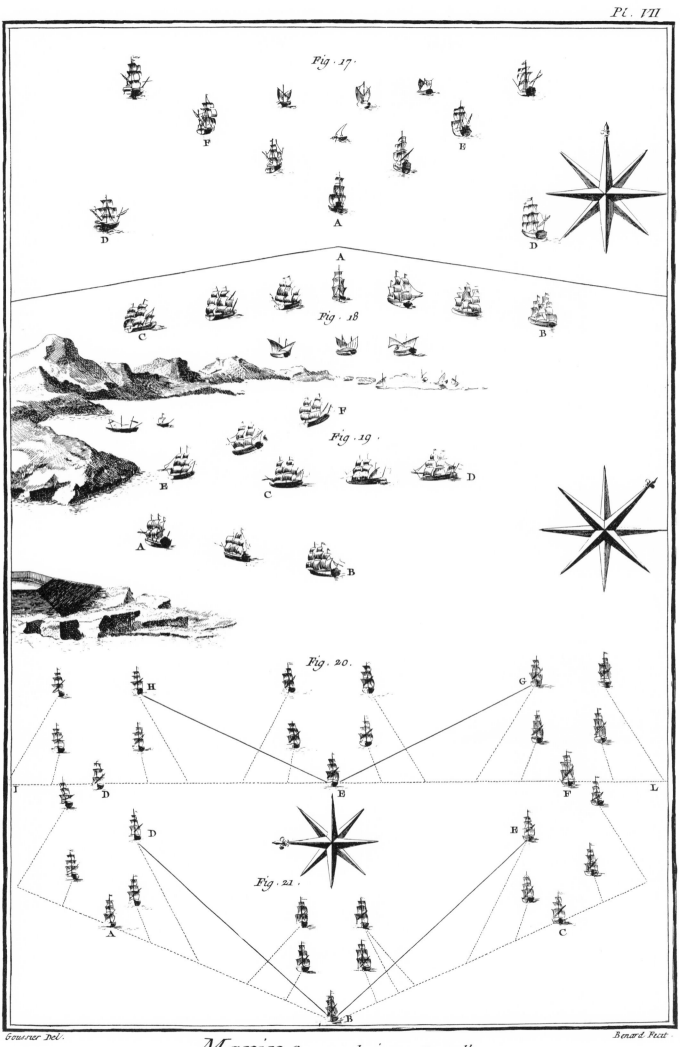

Fig. 17.

Fig. 18.

Fig. 19.

Fig. 20.

Fig. 21.

Goussier Del.

Benard Fecit.

Marine, Evolutions Navalles.

FORGE DES ANCRES,

PLANCHE Iere.

LA vignette repréſente l'intérieur de la forge du côté de l'entrée.

A, A A, arbre de la roue du marteau, tournant ſuivant l'ordre des lettres C D E F ; ſes bras font lever le marteau. R le marteau. N la huſſe. N R le manche du marteau embraſſé par la braye P. S l'enclume. *t t* les fourchettes. *δ*∆ le drome. H le court carreau. G le grand carreau. K L jambes du drome & l'aiguille qui les aſſemble. 1, 5, coins. 3 taſſeau. M Y le reſſort. Y coin du reſſort. X mortoiſe de la clé du reſſort. V ſole de baſſinage. Æ foyer où l'on chauffe les verges. *g* un des ſoufflets. Œ autre foyer où l'on chauffe les bras. *m* un des deux ſoufflets de cette chaufferie. W foſſe recouverte de madriers. Z enclume pour ſouder les miſes. *b b c c d d* grue pour le ſervice de la premiere chaufferie. BB CC DD grue pour le ſervice de la ſeconde chaufferie. *n* troiſieme chaufferie pour les organeaux. *n* un de ſes deux ſoufflets. *a* taque ou plaque de fer ſur laquelle on applatit les organeaux. *f* petite forge dont le ſoufflet eſt de cuir, & où on accommode les outils. *e* l'enclume de cette forge.

Bas de la Planche.

Le plan général de la forge & des quatre courſiers.

1, 5, courſier de la roue du marteau. 1 la pelle qui le ferme. 9, 10 la roue du marteau. A, A A arbre de la roue du marteau. B chandelier qui porte un de ſes tourillons. G, H plans du grand & du court carreau. 2, 6 courſier de la roue des ſoufflets de la chaufferie Æ des verges. 11 12. la roue. *k k*, *k* arbre de cette roue. *k* chandelier qui porte un des tourillons. *g*, *g* les ſoufflets. *b b d d* bras de la grue de la premiere chaufferie. *r* enclume pour ſouder les gouvernails. 3, 7 courſier de la roue des ſoufflets de la chaufferie Œ des bras. 3 la pelle qui le ferme. 13, 14 la roue. 17, 18 arbre de la roue. 17 chandelier qui porte un des tourillons. *m m* les ſoufflets. W foſſe couverte de madriers. BB DD bras de la grue de la ſeconde chaufferie. 4 pelle & entrée du courſier de la roue de la chaufferie des organeaux. 15 16 la roue. 19 20 arbre de la roue. 19 chandelier qui porte un des tourillons. *n n* les ſoufflets. 21 la chaufferie qu'on fait auſſi ſervir d'affinerie. *l* ſon enclume. *a* taque ou plaque de fer. *p* tour pour tourner les organeaux. *f* petite forge pour les outils. *ff* ſon ſoufflet de cuir. *e* l'enclume poſée ſur un billot de bois.

On voit par ce plan que le bâtiment qui contient la forge a extérieurement environ ſoixante piés de longueur ſur une largeur de quarante piés, non compris les eſpaces où ſont établis les quatre courſiers. Chacun de ces eſpaces ou foſſés a deux toiſes de largeur. L'eau eſt conduite dans les courſiers par-deſſous des ponts placés au-devant des quatre empellemens.

L'arbre A A, A de la roue du marteau a vingt-deux piés de longueur, ſur trois piés & demi de diametre ; au défaut d'un arbre de cette groſſeur on le compoſe de quatre pieces, ſerrées les unes contre les autres par un grand nombre de frettes de fer, comme on voit dans la *figure* ; les bras ont ſix piés de long, & ſont garnis de ſabots. La roue 9, 10 du marteau a quatorze piés de diametre, y compris les aubes, qui ont dix-huit pouces de rayon, ſur trente de large.

PLANCHE II.

La vignette repréſente la forge vue du côté oppoſé à celui de la Planche précédente.

A B C perche fixée en A & en B par des chaînes de fer, aux entraits de la charpente du comble de la forge. C D tirant de fer terminé en gueule de loup, pour recevoir la fourchette D E, par laquelle les ſoufflets ſont ſuſpen-

dus. E F courge. H K crémailleres, auxquelles ſont accrochés les anneaux des ſoufflets *n n*. 19 chandelier qui porte les tourillons de l'arbre, garni de ſix cames, qui appuyent alternativement ſur les baſſigognes ou baſſecondes des ſoufflets. *l* enclume montée ſur ſon billot, à côté eſt la chaufferie des organeaux, ſervant auſſi d'affinerie. *p* tour à tourner les organeaux. *a* taque ou plaque de fer ſur laquelle on les dreſſe. 17 chandelier de l'arbre des ſoufflets *m* de la chaufferie des bras. *b b c c d d* grue de la chaufferie des verges. W foſſe couverte de madriers. Z enclume pour ſouder les miſes. On voit plus loin la ſeconde grue, le gros marteau qui repoſe ſur le bois debout & ſon enclume. *g g*, *g* ſoufflets de la chaufferie des verges. *k* chandelier de l'arbre des ſoufflets. *f* petite forge pour les outils. *ff* ſon ſoufflet de cuir. *e* enclume de cette forge montée ſur ſon billot.

Bas de la Planche.

Fig. 2. Profil de l'ordon du marteau, ∆ *δ* le drome. G le grand carreau. A étai du grand carreau. H le court carreau. G M le reſſort. Y coin du reſſort. X mortoiſe de la clé du reſſort. *a* entre-toiſe des deux carreaux. 6 V jambe du drome du côté de l'arbre. E ſabliere. F, F F entrait. V ſole de baſſinage. A ſole du court carreau. C ſole du grand carreau. B entre-toiſe des ſoles des deux correaux. D D ſolins. N P R le manche du marteau. P la bray. R le marteau. Q le bois debout. S l'enclume. Z le ſtoc dans lequel il eſt encaſtré. T une des fourchettes en profil.

Les ſolins D D, ſur leſquels ſont placées toutes les pieces de l'ordon, reçoivent dans des entailles les trois ſoles C, A, V, qui ſont elles-mêmes entaillées en-deſſous ; ils ont environ dix-huit pouces de hauteur ſur douze de largeur, & ſont au nombre de trois, eſpacés également au-deſſous des ſoles.

La ſole C du grand carreau a ſeize piés de long ſur 24 pouces de large, & vingt pouces d'épaiſſeur. La ſole A du court carreau a les mêmes dimenſions. La ſole de baſſinage V de même longueur & épaiſſeur que les deux autres, a trente-deux pouces de large ; ſa face ſupérieure, dans laquelle ſont creuſés les baſſins qui reçoivent le pié des jambes, eſt recouverte de fortes bandes de fer qui entourent les baſſins ; ces bandes qui ſont encaſtrées de leur épaiſſeur dans la ſole, y ſont fixées par des frettes de même metal.

Le grand carreau G a environ douze piés de longueur, non compris les tenons par leſquels il s'aſſemble avec la ſole C & la ſabliere E qui couronne les murs de la forge ; ſa largeur eſt de vingt-deux pouces ſur une face, & de vingt-quatre pouces ſur la face en retour, comme on le voit dans la Pl. ſuivante. Le grand carreau eſt percé de ſix mortoiſes, dont deux ſeulement traverſent d'outre en outre ſon épaiſſeur. La premiere mortoiſe ou la mortoiſe inférieure eſt élevée au-deſſus du rez-de-chauſſée de deux piés & demi ; elle n'a que quelques pouces de profondeur, & reçoit le tenon de l'entre-toiſe *a*, qui y eſt embrevée ; au-deſſus de cette mortoiſe en eſt une autre percée obliquement de part-en-part pour recevoir la queue G du reſſort G M & le coin Y, qui affermit la queue du reſſort dans cette mortoiſe, qui a huit pouces de large, ſur quinze à ſeize pouces de haut, ſa partie inférieure eſt élevée de trois piés & demi au-deſſus du rez-de-chauſſée.

Dans la même face, & à neuf piés & demi au-deſſus du rez-de-chauſſée, eſt percée la grande mortoiſe qui reçoit le tenon du drome marqué des lettres Δ ♂ ; cette mortoife qui a huit pouces de large fur deux piés de haut, eft percée d'outre-en-outre : ce font-là les trois mortoifes de la face antérieure du grand carreau.

A la face oppofée, à fix pouces environ au-deffous de la mortoife du tenon du drome, eft une autre mortoife embrevée qui reçoit le tenon fupérieur de l'étai A du grand carreau ; le tenon inférieur de cet étai eft reçu & appuyé fur une piece de bois placée au-delà du courfier. Les deux autres mortoifes font pratiquées aux faces latérales, & reçoivent les tenons fupérieurs des liens ou contre-vents qui foutiennent le grand carreau dans la fituation verticale.

Le court carreau IH a neuf piés & demi de long, non compris les tenons de demi-pié de longueur fur huit pouces d'épaiffeur, par lefquels il eft affemblé inférieurement avec la fole A, & fupérieurement avec le drome. La largeur dans la face que la figure repréfente eft de vingt-deux pouces, & la face en retour en a vingt-quatre ; le court carreau eft percé de trois mortoifes, dont deux le traverfent d'outre-en-outre ; la premiere mortoife pratiquée dans les faces en retour a dix pouces en quarré, elle eft percée obliquement pour recevoir le reffort GM, enforte que la partie inférieure de la mortoife du côté de la face antérieure eft élevée de quatre piés trois pouces au-deffus du rez-de-chauffée, & feulement de trois piés dix pouces à la face oppofée ; cette mortoife a dix ou onze pouces de haut, fur huit à neuf pouces de large.

La deuxieme mortoife X, qui traverfe également de part-en-part le court carreau, eft deftinée à recevoir la piece de bois qu'on nomme la clé du reffort. Cette mortoife a fix pouces de large fur huit ou neuf de hauteur. La clé du reffort qui a les mêmes dimenfions, eft reçue dans une entaille pratiquée à la face inférieure du reffort, enforte que la clé étant placée dans fa mortoife, il ne fauroit fortir de celles des deux carreaux où il eft placé.

La troifieme mortoife eft pratiquée à la face poftérieure du court carreau, elle reçoit le tenon de l'entre-toife a qui y eft embrevée.

Le reffort GM, qui eft ordinairement de bois de frêne, a douze piés de longueur fur dix pouces de groffeur réduite dans fon milieu, fa tête M a vingt pouces de large fur fix pouces d'épaiffeur.

La jambe V 6, nommée jambe fur l'arbre a, ainfi que l'autre jambe, ou jambe fur la main, qu'on ne peut voir dans cette figure, deux piés & demi de longueur, fur un pié de gros fur toute face, elles font démaigries aux endroits convenables pour qu'elles s'appliquent exactement aux baffins de la fole de baffinage V, & aux faces latérales des entailles du drome, dans lefquelles elles font affermies par des coins 1, 5, chaffés de haut en-bas, felon qu'on force plus ou moins l'un des deux coins; on fait incliner la jambe 6 vers Δ en ferrant le coin 1, ou vers l'autre côté ♂ en defferrant celui-ci & ferrant le coin 5 ; la feconde jambe eft de même garnie de deux coins fervant au même ufage. Chaque jambe eft percée de deux mortoifes, la fupérieure pratiquée au-deffous du drome eft pour recevoir la clé tirante K, dont on ne voit ici que la tête ; au-deffus de la clé eft le taffeau ou tabarin, dans l'entaille duquel la clé eft reçue ; cette clé a fix pouces de large ou de haut, fur trois pouces d'épaiffeur.

Les mortoifes inférieures font pratiquées aux faces oppofées des jambes, elles ont deux piés de long, cinq pouces de large & autant de profondeur, elles font deftinées à recevoir les boîtes de fonte dans les trous defquelles roulent les pivots ou tourillons de la huffe du manche du marteau, qui font élevés d'environ deux piés trois pouces au-deffus du rez-de-chauffée ; les bords de ces dernieres mortoifes font garnis de bandes de fer affujetties par des frettes que l'on a oublié de repréfenter dans

cette figure, mais que l'on trouvera bien repréfentées dans la Planche fuivante.

Le drome Δ ♂ eft une forte piece de bois de quarante-quatre piés de longueur, fur vingt à vingt-quatre pouces d'équarriffage au gros bout Δ, où eft pratiqué le tenon qui traverfe le grand carreau, l'autre extrêmité du drome porte fur un chevalet adoffé à la muraille oppofée ; le plan de ce chevalet eft indiqué dans la Planche premiere, par deux quarrés coupés par les diagonales, ces deux quarrés font placés entre la chaufferie Œ & le baffin ou bache plein d'eau, où on rafraîchit les outils.

Le manche NR du marteau R eft de frêne ou de hêtre, il a environ neuf piés de longueur, y compris l'excédent du tenon qui traverfe l'œil, la groffeur du manche eft d'environ un pié de diametre, il eft garni d'une braye de fer P, à l'endroit où les bras de l'arbre tournant viennent l'élever. Le tenon du manche eft entaillé en-deffus pour recevoir la tête du marteau ; il eft auffi traverfé d'une clavette pour retenir le marteau, & eft garni d'une frette pour l'empêcher de fendre ; le vuide de l'œil du marteau au-deffous du tenon du manche eft rempli par plufieurs calles & coins chaffés à force.

Le marteau R qui pefe 860 livres, a deux piés huit pouces de long ; fa tête dans laquelle eft pratiqué l'œil, a neuf pouces en quarré, & la panne qui frappe fur l'ouvrage a quinze pouces de long, dans le fens de la longueur du manche, fur fix pouces de large.

Le bois debout Q eft une buche de quatre piés de long, emmanchée comme on voit dans la figure ; on place le bois debout fous le manche du marteau pour le tenir élevé, tandis que les ouvriers placent fur l'enclume les pieces qu'ils veulent fouder.

L'enclume S eft de fonte, fa table ou partie fupérieure a deux piés de long fur un pié de large, fa bafe diftante de trois piés de la table, a deux piés cinq pouces de long dans le fens de la longueur du marteau, & quinze pouces de largeur, l'élévation de la table au-deffus du rez-de-chauffée eft de quatorze pouces.

Le ftoc ou efto Z, du verbe ftare, pour exprimer la ftabilité que doit avoir l'enclume, a quatre ou cinq piés de diametre, fur une longueur telle que le bois le comporte ou que le permet le fol fur lequel on veut l'établir ; au défaut d'un arbre auffi gros, on y fupplée par des chaffis ou chantiers pofés fur un fort grillage de charpente, c'eft dans le ftoc que font plantées verticalement les deux fourchettes T qui fervent de point d'appui aux leviers avec lefquels les ouvriers meuvent le paquet de verges ou de bras fur l'enclume, ainfi qu'il eft repréfenté dans une des Planches fuivantes.

3. Élévation en face du marteau. Le marteau a, ainfi qu'il a été dit, deux piés huit pouces de long, fa tête a neuf pouces de large, l'œil a quatre pouces de large fur une longueur de feize pouces, le tenon 3 du manche eft traverfé obliquement par une clé ou coin 1, 2 qui eft de fer forgé ainfi que le marteau ; le vuide de l'œil au-deffous du tenon 3 eft rempli par des calles de bois & des coins de fer qui y font chaffés à force.

4. Élévation en face d'une des fourchettes. L'échancrure femi-circulaire que l'on voit au haut de la fourchette, & qui lui a fait donner ce nom, eft deftinée à recevoir les leviers ou ringards qui fervent à mouvoir les pieces d'ancres dans le fens de leur longueur, comme il fera expliqué ci-après : la mortoife que l'on voit au milieu de la longueur de la fourchette eft deftinée à recevoir une clavette, qui en appuyant fur le ftoc, limite l'enfoncement des fourchettes.

PLANCHE III.

Fig. 5. Élévation en face de l'ordon du marteau. A l'arbre de la roue du marteau, de trois piés & demi de diametre. H I le court carreau. G partie du grand carreau. E E fabliere. F entrait. Δ le drome. 7, 9, jambe fur l'arbre de la roue du marteau. 6, 10 jambe fur la main ou feconde jambe. K L clé ou aiguille des jambes. 3 le taffeau. 1, 2 coins des jambes. M tête du reffort. N la huffe. 7, 6 fes pivots. V V fole de baffinage coupée felon fa longueur. D D D folins. 11 coins de la jambe immobile. 12 13 coin & taffeau de la jambe mobile. 8, 8 liens ou contre-vents pour affermir latéralement le grand carreau.

La jambe fur l'arbre eft terminée à fa partie inférieure en queue d'aronde, comme on voit dans la *figure*, le coin 11 remplit exactement le refte du vuide du baffin, enforte que la jambe placée dans la fole du baffinage ne peut pas être élevée par l'action des bras de l'arbre fur le manche du marteau, action qui tend à élever le pivot 7 de la huffe.

Le pié de la feconde jambe eft entouré de trois coins fervant à la fixer dans la longue mortoife de la fole de baffinage : le coin 12 & le taffeau 13 qui remplit une partie confidérable de la mortoife, fervent à ferrer en joint la jambe mobile vers la huffe, enforte que fes pivots 7 & 6 portent au fond des trous des boîtes ; les deux autres coins, l'un antérieur & l'autre poftérieur, fervent à éloigner ou à avancer le pié de la jambe mobile, autant qu'il faut pour que la panne du marteau convienne avec le milieu de la largeur de l'enclume, ou avec une de fes rives, comme il fera dit ci-après, en parlant de la maniere d'amorcer la verge.

6. Elévation de la face intérieure de la jambe mobile cotée 10. 1 mortoife de la clé des jambes. 6 boîte qui reçoit un des tourillons de la huffe. 14 & 15 les coins fervant à affujettir antérieurement & poftérieurement la partie inférieure de la jambe dans la fole du baffinage. V coupe tranfverfale de la fole du baffinage.

1, 3 : 2, 4 bandes de fer encaftrées de leur épaiffeur dans le bois, elles fervent à conferver les vives arêtes de la mortoife qui reçoit la boîte, *fig*. 8. Cette mortoife a vingt pouces de long, fix pouces de large, & cinq de profondeur, ainfi elle eft de quatre pouces plus longue que la boîte qui doit y être placée, enforte qu'au moyen de quelques calles de bois de différente épaiffeur, que l'on place dans la mortoife, au-deffus ou au-deffous des boîtes, on peut élever ou abaiffer l'un ou l'autre pivot 7, 6 de la huffe N, *fig. précéd.* pour établir le parallélifme de la panne du marteau avec la table de l'enclume, ou l'obliquité requife dans d'autres cas, dont il fera parlé dans la fuite.

7. Clé tirante, ou aiguille qui affemble les jambes repréfentée en perfpective. K la tête de la clé. L K le corps de la clé, de fix pouces de large fur trois d'épaiffeur, & quatre piés & demi de longueur ; au-deffus de la clé eft le taffeau coté, *fig.* 3. dans l'entaille duquel paffe la clé. Le taffeau, qui n'eft qu'un petit morceau de bois, fert à défendre le drome des meurtriffures que la clé ne manqueroit pas d'y faire, & on peut le renouveller aifément & à peu de frais ; il n'en eft pas de même du drome, qui eft une piece importante.

Au-deffous de la clé on voit la garniture de fa mortoife, cotée *fig.* 4. & 5. La *fig.* 4. eft le petit taffeau, il eft entaillé pour recevoir l'épaiffeur de la clé du côté de la mortoife qui eft vers L ; la *fig.* 5. eft la clavette ou coin qui fe place entre la face de la jambe mobile & celle du taffeau qui lui eft oppofée.

8. Une des boîtes de la huffe en perfpective ; ces boîtes font de fonte & font percées de deux trous coniques, diftans de neuf pouces l'un de l'autre, deftinés à recevoir fucceffivement les pivots de la huffe ; elles ont feize pouces de long, fix pouces de large dans la face où font les trous, & cinq pouces d'épaiffeur ; c'eft le trou fupérieur dont on fait ufage,

& lorfque par un long fervice ce trou eft élargi au-delà du néceffaire, on change la boîte bout pour bout ; ce fecond trou ufé, on les renouvelle.

Bas de la Planche.

Elévation d'une des grues & développement de fes garnitures.

Fig. 9. Couliffe de la grue repréfentée en perfpective. *e* entaille pour recevoir les anneaux de la crémaillere, *fig.* 12. ou de la demi-lune, *fig.* 11. *g g g* les bras & crochets de la couliffe deftinés à recevoir les anneaux des jauges, comme il fera dit plus bas.

10. Elévation de la grue. B C arbre vertical. D F bras. I B contre-fiche qui foutient le bras. I K étrier ou rouleau de deffus de la couliffe. G E, G H jauge pour faire avancer ou reculer la couliffe, en embarrant ce levier fur l'une ou l'autre des chevilles de fer qui traverfent le bras de fer de la grue ; il y a une femblable jauge de l'autre côté, dont on fe fert lorfque l'une des deux n'eft pas fuffifante.

11. Sufpenfion de l'ancre tranfportée à la feconde forge. E L trevier ou anneau. L M morillon ou émerillon. S l'S. O chaînes de demi-lune. P la demi-lune.

12. Crémaillere qui foutient les paquets de verges & de bras dans le foyer de la chaufferie. E R trevier. R T boulon de la crémaillere. T V le coulant. S X Y la crémaillere.

Le corps de chaque grue eft compofé de trois pieces de bois, de l'arbre vertical B C de feize pouces d'équarriffage, terminé en B par un pivot qui roule dans une crapaudine fcellée dans un dé de pierre au rez-de-chauffée de la forge, & de l'autre bout C par un tourillon qui traverfe de forts madriers, établis & chevillés fur les entraits du comble de la forge ; la feconde piece de bois eft le bras A D, de feize pouces de haut fur douze pouces d'épaiffeur, & une longueur convenable, pour que l'arc que fon extrêmité décrit paffe au-deffus d'un des angles de l'enclume, ainfi qu'on peut remarquer au plan, Planche premiere ; il eft affemblé à l'arbre vertical par un fort boulon & un étrier de fer A ; la troifieme piece eft le lien *a d*, affemblé & embrevé haut & bas dans le bras & l'arbre de la grue.

C'eft par erreur que l'échelle de cette Planche eft cotée quatre piés, il faut lire douze piés, l'échelle devant être la même que celle de la Planche précédente.

PLANCHE IV.

Cette Planche contient le plan & le profil d'une des chaufferies.

Fig. 1. & 2. Soufflets de bois d'une des chaufferies. La caiffe de celui, *fig.* 1. eft fupprimée, pour laiffer voir les liteaux qui entourent la table de deffous, les mentonets qui les retiennent, & les refforts qui les compriment.

Le quarré ponctué au-devant du mur B C indique l'aire ou âtre de la forge. L'aire eft élevée au-deffus du rez-de-chauffée d'environ huit pouces. B C mur de la forge. A ouverture de la tuyere placée au milieu du contre-cœur, conftruit en tuileaux ; on voit ce contre-cœur au-deffus du foyer Æ Planche premiere. D E embrafure pratiquée derriere le mur de la forge, pour placer les bufes des foufflets ; on voit ces embrafures dans la vignette de la feconde Planche. F A la tuyere de cuivre rozette, coupée par un plan parallele à fa bafe. G F, H F les bufes ou bures des foufflets. G & H têtieres. I K, L M tête des foufflets. I K liteaux de la tête du foufflet. I *i*, K *k*, liteaux des longs côtés du foufflet. *ik* liteaux de la têtiere en deux parties. *p q* ouvertures auxquelles on adapte les foupapes.

2. Soufflet entier, garni de fa baffigogne ou baffe-

conde. 1 L M 2 , volant ou caiffe fupérieure du
foufflet , aux quatre faces intérieures duquel s'appliquent les liteaux. O N baffigogne ou baffe-conde
de fer , fur la partie N de laquelle s'appliquent
fucceffivement les cames des arbres tournans des
roues des foufflets. 1 , 4 cheville ouvrière qui fert
de centre de mouvement au volant. 2 , 3 pitons
qui affujettiffent la cheville ouvrière dans l'entaille
de la têtiere du foufflet : les pitons font clavettés
en-deffous des têtieres qui repofent fur un chantier de bois foutenu par un maffif de maçonnerie.

3. Elévation géométrale de la tête d'un des deux foufflets. Cette partie eft ceintrée en portion de cylindre
dont l'axe feroit la cheville ouvrière. *a b c d* bandes de fer , terminées en *b* & en *d* par des cram-
pons ou crochets encaftrés dans l'épaiffeur de la
tête ; les parties fupérieures *a* & *c* font formées
en pitons ou anneaux pour recevoir les crochets
de l'arc *a* H *c*, qui eft fufpendu en H par la cré-
maillère qui defcend de la courge , comme on
peut voir dans la vignette de la Planche II.

4. Repréfentation perfpective de la ferrure qui affemble le volant avec la caiffe inférieure du foufflet.
1 , 4 cheville ouvrière ou boulon qui fert de centre de mouvement au volant ; ce boulon traverfe
les deux pirons *a* & *b*. *c d* clavette qui traverfe
auffi les mortaifes inférieures des pitons , cette
clavette fe place au-deffous de la têtiere , après que
les pitons en ont traverfé toute l'épaiffeur.

5. A la tuyere qui reçoit les bufes G A , H A des foufflets , & la quenouille de fer 5 A , dont on fe fert
pour modérer la violence du vent en la pouffant
plus ou moins vers le trou de la tuyere. On
peut même fupprimer entièrement le vent fans
arrêter le mouvement des foufflets en pouffant
l'œuf de la quenouille dans l'œil de la tuyere ,
alors le vent eft entièrement réfléchi vers les têtieres des foufflets.

6. Elévation latérale ou profil d'un des foufflets.
A la tuyere. A G la bufe du foufflet. G la têtiere
du foufflet pofée fur un chantier. 1 A piton. 1 cheville ouvrière ou boulon paffé dans l'œil du piton
& dans la ferrure du prolongement des longs côtés
du volant. *c* clavette paffée fous la table ou fond
du foufflet fervant à affermir le tout. O P *n* N baffigogne ou baffe-conde. N palette de la baffigogne qui reçoit de haut en-bas la preffion des cames
de l'arbre tournant qui fait mouvoir les foufflets.
P piton & coin , qui affermiffent la baffe-conde fur
le volant ou caiffe fupérieure du foufflet.

PLANCHE V.

Fig. 7. Coupe longitudinale du volant ou caiffe de
deffus du foufflet par le milieu de fa largeur.
N *n* tête du volant ceintrée cylindriquement,
d'après le trou de la cheville ouvrière. N 2 le deffus du volant. P piton pour affujettir la baffigogne.

8. Coupe longitudinale de la table inférieure par le
milieu de fa largeur ; cette table eft garnie de fes
liteaux.
A G coupe de la bufe qui eft de fer. G têtiere du
foufflet. 1 cannelure qui reçoit la moitié du diametre de la cheville ouvrière. 2 emplacement du côté
2 du volant , *fig. précéd.* B tête de la table. P ouverture des foupapes.

9. Coupe longitudinale du foufflet par le milieu de fa
largeur. On voit par cette figure comment le volant
s'adapte à la table ou caiffe inférieure dont il em-
boîte exactement les liteaux. A G la bufe. G têtiere.
1 cheville ouvrière marquée par un petit cercle
près du chiffre 2. 2 têtiere du volant à la face de
laquelle les liteaux s'appliquent intérieurement. 3 ,
5 , 7 , 9 mentonets qui retiennent le liteau d'un
des grands côtés fur le rebord de la table. 4 , 6 , 8
porte-reffort pour faire appliquer le liteau à la
face intérieure du côté du volant. B extrémité de
la table du côté de la tête. M *n* tête du volant. *n* 2
table au-deffus du volant. P piton dans lequel
doit paffer la queue de la baffigogne.

Nota. Toutes les figures qui fuivent dans cette
Planche font deffinées fur une échelle double.

10. A liteaux du côté de la bure vus par deffus. B les
mêmes liteaux vus par le côté qui regarde l'intérieur du foufflet. C & D les mêmes liteaux en perfpective. C la pièce à rainure. D la pièce à languette.

11. A les mêmes liteaux vus par-deffous ou du côté
qu'ils s'appliquent aux rebords de la table. B côté
qui s'applique à la partie du volant marquée 2 dans
la *fig.* 7. C , D les mêmes liteaux en perfpective
vus par le deffous ou du côté qu'ils s'appliquent ,
au bord de la caiffe au-deffus du vuide de la têtiere.
C la pièce à rainure. D la pièce à languette.
Les *fig.* 12.-17. font les développemens des
liteaux de la tête B du foufflet , *fig.* 9. ce font ceux
qui s'appliquent à la face concave-cylindrique de
la tête M *n* du volant.

12. Liteaux de la tête vus par-deffus. 1 , 2 : 1 , 2 refforts de dilatation pour faire alonger les liteaux
autant que le permet le vuide des parois latérales
du volant.

13. Les mêmes liteaux vus par-deffous ou du côté qui
s'applique aux rebords de la table inférieure.

14. Les mêmes liteaux vus par leur épaiffeur & du côté
qu'ils s'appliquent à la furface concave du volant.

15. Les mêmes liteaux vus par leur épaiffeur & du
côté de l'intérieur du foufflet.

16. Les trois pièces des mêmes liteaux féparées & vues
en perfpective par le deffus & du côté qu'elles
s'appliquent à la face intérieure de la tête du volant. A & C pièces des extrêmités , ou pièces à languettes. *a* , *c* les languettes. B pièce du milieu ou
pièce à rainures. *b* rainure qui reçoit la languette *a*.
d rainure qui reçoit la languette *c*.

17. Les trois mêmes pièces vues par-deffous & du côté
qui regarde l'intérieur du foufflet. A & C les pièces des extrêmités ou pièces à languettes. *a* & *c* les
languettes ; les entailles à mi-épaiffeur , pratiquées
aux parties oppofées aux languettes , font deftinées à recevoir de femblables entailles , faites aux
extrêmités des longs liteaux des côtés du foufflet.
B pièce du milieu dont les rainures *b* & *d* reçoivent les languettes *a* & *c* des deux autres pièces.
On n'a point repréfenté les liteaux des côtés
du foufflet , parce qu'ils n'ont rien de particulier ;
ils font d'une feule pièce , ainfi qu'on le peut voir
au plan *fig.* 1.

18. Un des porte-refforts garni de fon reffort.

19. Un des mentonets qui affujettiffent les liteaux fur
le rebord de la table , & entre lequel & les mentonets ils peuvent gliffer en obéiffant à l'action
des refforts , *fig.* 18. qui tendent continuellement à
éloigner les liteaux du centre du foufflet , & à les
appliquer exactement aux quatre faces intérieures
du volant.

PLANCHE VI.

Configuration des paquets de verges & de bras , &
des barres qui les compofent , pour les ancres de différens poids.

Fig. 1. Paquet compofé de trois barres pour former les
verges & les bras des ancres du poids de 100 livres
à 200 livres. G gouvernail. C C couvertures.

2. Paquet compofé de cinq barres , pour des ancres
du poids de 300 livres à 400 livres. G gouvernail.
A , A barres à talon. C C couvertures.

3. Paquet compofé de neuf barres , pour des ancres
du poids de 500 livres à 800 livres. G gouvernail.
A A A & barres à talon. B B barres du milieu. C C
couvertures.

4. Paquet compofé de quinze barres , pour des ancres
du poids de 900 livres jufqu'à 2000 livres. G gouvernail. A A A & barres à talon. B B barres de
milieu. C C couvertures.

5. Paquet compofé de vingt-cinq barres , pour des
ancres du poids de 2100 livres à 5000 livres. G
gouvernail. A A A A & barres à talon. B B B & barres de milieu. C C couvertures.

6. Paquet compofé de trente-cinq barres, pour des ancres du poids de 5100 livres à 8000 livres. G gouvernail. A A A & barres à talon. B B B & barres de milieu. C C couvertures.

Nota. Toutes les *figures* qui fuivent font relatives à la *fig. 6.* & font le développement des barres de chaque rang, proportionnées pour une ancre de fix milliers ; les largeurs font prifes fur une échelle quatre fois plus grande que celle des longueurs.

On nomme *gouvernail* le prolongement de la barre du milieu du paquet, qui doit excéder de deux piés environ ; la moitié de ce prolongement eft forgée quarrément pour recevoir les tourne-à-gauche, qui fervent à donner quartier au paquet ; l'autre moitié réduite à huit pans, eft étirée un peu en pointe, comme on peut voir, *fig. 13.* de la même Planche. Les gouvernaux font cotés de la lettre G dans toutes les figures où ils fe trouvent.

On nomme *couvertures* les dernieres barres ou le deffus & le deffous du paquet ; elles font cotées C dans toutes les figures.

On nomme *barres à talon* celles qui ont vers le gros bout, & d'un feul côté, une coupe oblique, que les couvertures ont des deux côtés, comme on peut voir, *fig. 12.* qui repréfente une couverture de paquet de verge. C côté des bras. c côté de l'organeau. *x y*, *u z* talons ; toutes les barres à talons font cotées des lettres A *a*.

On nomme *barres du milieu* ou *barres de milieu* celles qui n'ont pas de talon ; elles font cotées B *b* dans toutes les figures ; elles font, ainfi que toutes les autres barres, de forme pyramidale, c'eft-à-dire plus étroites à un bout qu'à l'autre.

7. Rang du gouvernail pour une ancre de 6000 liv. G *g* gouvernail que l'on a fracturé, étant femblable à celui de la *fig. 13.* B *b*, B *b* barres de milieu. A *a*, A *a* barres à talon.

8. Rang de cinq barres ; il eft employé deux fois, au-deffus & au-deffous du rang du gouvernail. B *b*, B *b*, B *b* barres de milieu. A *a*, A *a* barres à talon.

9. Rang de quatre barres ; il eft employé deux fois, au-deffus & au-deffous des rangs précédens. B *b*, B *b* barres de milieu. A *a*, A *a*, barres à talon.

10. Rang de trois barres ; il eft employé deux fois, au-deffus & au-deffous des rangs précédens. B *b* barre de milieu. A *a*, A *a* barres à talon.

11. Rang de deux barres ; il eft employé deux fois, au-deffus & au-deffous des rangs précédens. A *a*, A *a* barres à talon.

12. Rang d'une barre ou couverture ; employé auffi deux fois, au-deffus & au-deffous du paquet. C *c* couverture.

Les figures qui fuivent font le développement du paquet d'un des bras de la même ancre.

13. Rang de gouvernail. G *g* le gouvernail, où on voit diftinctement la partie quarrée qui eft reçue dans les crochets des tourne-à-gauche & la partie octogone que les ouvriers tiennent avec leurs mains. B *b*, B *b*, B *b* barres de milieu. A *a*, A *a* barres à talon.

14. Rang de cinq barres ; il eft employé deux fois, au-deffus & au-deffous du rang du gouvernail. B *b*, B *b*, B *b* barres de millieu. A *a*, A *a* barres à talon.

15. Rang de quatre barres ; il eft employé deux fois, au-deffus & au-deffous des rangs précédens. B *b*, B *b* barres de milieu. A *a*, A *a* barres à talon.

16. Rang de trois barres ; il eft employé deux fois, au-deffus & au-deffous des rangs précédens. B *b* barre de milieu. A *a*, A *a* barres à talon.

17. Rang de deux barres ; il eft employé deux fois, au-deffus & au-deffous des rangs précédens. A *a*, A *a* barres à talon.

18. Rang d'une barre ou couverture, employé auffi deux fois, au-deffus & au-deffous du paquet de bras. C *c* couvertures.

Toutes les barres qui compofent un paquet doivent être pofées en liaifon les unes fur les autres, enforte que le plein de l'une recouvre les joints
N°. 10.

des deux autres, comme on le voit dans les *fig. 4*, *5 & 6* de cette Planche.

Il réfulte de ce qui vient d'être dit, que l'ancre de 6000 livres, dont nous allons fuivre la fabrication, eft compofée de cent cinq barres, trente-cinq barres pour le paquet dont on doit former la verge, & autant pour les paquets dont chacun des bras doit être formé.

Dans chaque paquet le gouvernail G eft unique, les barres B B B & de milieu font au nombre de quatorze, les barres à talon A A A & au nombre de dix-huit, & les couvertures C C au nombre de deux.

Les ancres au-deffous de 500 liv. jufqu'à 2100 liv. font compofées de 75 barres, 25 barres pour le paquet de la verge, autant pour les paquets de chaque bras. Dans chaque paquet dont la *figure 5.* repréfente la coupe, le gouvernail G eft unique, les barres de milieu B B B & font au nombre de huit ; les barres à talon A A A & font au nombre de quatorze, & les couvertures C C au nombre de deux.

Les ancres au-deffous de 2000 liv. jufqu'à 9000 liv. font compofées de 45 barres, 15 barres pour le paquet de la verge, autant pour les paquets de chaque bras. Dans chaque paquet dont la *fig. 4.* repréfente la coupe, le gouvernail G eft unique, les barres du milieu B B font au nombre de deux ; les barres à talon A A A & au nombre de fix, & les couvertures C C au nombre de deux.

Les ancres au-deffous de 800 livres jufqu'à 500 livres, font compofées de 27 barres, neuf barres pour le paquet dont la verge doit être formée, autant pour les paquets de chaque bras. Dans chaque paquet dont la *fig. 3.* repréfente la coupe, le gouvernail G eft unique, les barres à talon A A A & au nombre de fix ; les couvertures C C au nombre de deux.

Les ancres au-deffous de 400 liv. jufqu'à 300 liv. font compofées de quinze barres, cinq barres pour le paquet de la verge, autant pour les paquets de chaque bras. Dans chaque paquet dont la *fig. 2.* repréfente la coupe, le gouvernail G eft unique ; les barres à talon A A font au nombre de deux, de même que les couvertures C C ; les barres à talon dans ces paquets different de celles des paquets précédens, en ce qu'elles ont un talon de chaque côté, comme en ont toutes les couvertures.

Les ancres au-deffous du poids de 200 liv. font compofées de neuf barres, trois barres pour le paquet de la verge, autant pour les paquets de chaque bras. Chaque paquet dont la *fig. 1.* repréfente la coupe, eft compofé du gouvernail G & de deux couvertures C C.

PLANCHE VII.

La vignette repréfente une partie de l'intérieur de la forge, & l'opération de fouder ou étirer la verge.

On voit en A le chandelier de fonte de fer fur le fommet duquel roule le pivot de l'arbre du marteau ; ce chandelier a deux piés & demi en quarré à fa bafe, & autant de hauteur au-deffus du fol de la forge ; l'extrémité de l'arbre garni de frettes de fer, ainfi qu'il a été dit, eft défendue de la grande ardeur du fer chaud placé fur l'enclume, par une forte plaque de tôle qu'on nomme *couvercle*. N hus dans laquelle le manche du marteau eft fixé. P braye de fer dont le manche du marteau eft garni à l'endroit où les bras de l'arbre tournant le rencontrent pour l'élever. P le marteau. S l'enclume. K L aiguille ou clé tirante qui ferre les jambes dans les entailles du drome Δ ; au-deffus de la clé & entre les deux jambes on voit le taffeau, placé entre la clé & la face inférieure du drome. M le reffort qui renvoye avec force ce marteau fur l'enclume. T, *t* les fourchettes placées au-devant de l'enclume. *bb*, *cc*, *dd* grue, à l'extrémité du bras de laquelle le paquet de la verge eft fufpendu au moyen de la crémaillere repréfentée Planche III. *fig. 12.* W foffe de la chaufferie des bras, recou-

B

verte de madriers. Z enclume fervant à parer, comme il fera dit ci-après.

Avant de décrire l'opération que la vignette repréfente, il convient d'expliquer la maniere dont on chauffe le paquet de verge *fig.* 9. de cette Planche, ou le paquet de bras *fig.* 30. de la Planche fuivante. Le paquet rangé comme il a été dit & cerclé de plufieurs anneaux de fer, dans le vuide defquels on chaffe à force plufieurs coins de même métal, eft placé en-travers de la forge Æ, Planche premiere, & parallelement au contre-cœur, où il eft foutenu par la grue tournante *bb*, *dd*. La partie du paquet que l'on veut chauffer, doit être élevée au-deffus du vent de la tuyere d'environ quatre pouces, & diftante du contre-cœur de la même quantité ; en cet état on verfe dans le foyer une corbeille ou deux de charbon de bois, que l'on range de maniere que la partie que l'on veut chauffer en foit entourée des quatre faces, deffous ou du côté du vent où on a mis quelques charbons allumés, du côté du contre-cœur, du côté oppofé, & par-deffus. On recouvre le tout de charbon de terre mouillé & de fraziers aux endroits convenables. On donne enfuite l'eau à la roue des foufflets, dont on modere le vent au moyen de la quenouille, *fig.* 5. Pl. III. Le charbon de bois s'allume infenfiblement & enflamme celui de terre, qui fe coagule & forme comme une efpece de voûte autour de l'efpace qu'occupoient les charbons de bois avant d'être confommés ; on augmente fucceffivement la force du vent, foit en retirant la quenouille d'auprès de l'ouverture de la tuyere, foit en levant la vanne du courfier & donnant plus d'eau à la roue, jufqu'à ce que la chaude foit au degré convenable pour porter les paquets fous le gros marteau. Alors un des ouvriers pouffe la quenouille dans l'œil de la tuyere pour fupprimer le vent, & au moyen de la grue tournante, à laquelle le paquet eft fufpendu, les autres ouvriers le tirent du feu, & le conduifent fur l'enclume. A chaque chaude que l'on donne, foit pour fouder les barres du paquet les unes aux autres, foit pour étirer ou achever les verges ou les bras, on met une corbeille de charbon de bois dans le foyer ; ce charbon empêche la furface du paquet d'être brûlée, ou fon flogiftique revivifie les parties qui auroient pu être calcinées.

Comme des paquets auffi confidérables que ceux-ci font difficilement pénétrés par le feu jufqu'à leur centre, on obferve de diminuer le vent après que les barres extérieures font fuffifamment chauffées pour donner le tems au feu dont elles font pénétrées, de fe porter & communiquer à celles du centre, on tourne auffi plufieurs fois le paquet fur lui-même au moyen du gouvernail & des tourne-à-gauche, obfervant de déranger le feu le moins qu'il eft poffible.

Les ouvriers qui travaillent dans cet attelier étant expofés à la grande chaleur d'une maffe de fer auffi confidérable que le paquet de verge ou de bras chauffé à la forge, & placé fur l'enclume à la hauteur. à-peu-près des genoux, ils ont foin pour s'en garantir de fe garnir les jambes de greves ou botines de devant, compofées de plufieurs doubles de vieux chapeaux, qui couvrent depuis le deffus du genou jufqu'aux fabots qui leur fervent de chauffure.

Fig. 1. Le maître ancier : il tient de la main gauche le bâton *m* Δ de la bafcule de la pelle qui ferme le courfier de la roue du marteau, pour donner plus ou moins d'eau à la roue, & par ce moyen accélérer ou diminuer la vîteffe ; il indique de la main droite aux autres ouvriers les mouvemens qu'ils doivent faire.

A fes piés font les deux compas d'épaiffeur ouverts, l'un de la largeur & l'autre de l'épaiffeur que doit avoir la partie de l'ancre qui eft fur l'enclume ; ces largeurs & épaiffeurs font prifes fur le gabarit ou épure tracé fuivant la table des propor-

tions, que l'on trouvera à la fin de ces explications.

2. Contre-maître ; il tient le gouvernail de la verge, & guide le mouvement des deux ouvriers, *fig.* 3. & 4. qui l'accompagnent ; c'eft par la faute du graveur que le gouvernail qu'il tient dans les mains femble paffer à côté du paquet au-lieu de fortir de fon centre comme à la *fig.* 9. du bas de la Planche.

3. & 4. Ouvriers, qui chacun avec un tourne-à-gauche dont le crochet embraffe le quarré du gouvernail, font tourner la verge fur elle-même au commandement du maître ancier.

5. & 6. Ouvriers qui avec de grands ringards font mouvoir la verge en-avant ou en-arriere, felon fa longueur, pour que les coups de marteau tombent fucceffivement en différens endroits ; les ringards dont ils fe fervent agiffent comme leviers du premier genre, auxquels les fourchettes fervent d'hypomoclion ou point d'appui. Ils tranfportent la verge dans le tems que le marteau eft relevé.

7. Ouvrier qui avec un ringard repouffe la verge vers le milieu de l'enclume, après que les ouvriers, *fig.* 3. & 4. l'en ont fait fortir en lui donnant quartier vers les fourchettes ; le ringard dont il fe fert agit comme lévier du fecond genre, auquel le ftoc fert de point d'appui.

Bas de la Planche.

Fig. 8. Gabarit, planche fur laquelle font tracées les mefures de la verge de l'ancre, la longueur divifée en piés, la largeur & l'épaiffeur. Celui de la figure eft pour une ancre de 6000 livres, dont la fuite des chaudes eft repréfentée par les figures fuivantes.

9. Paquet de verges lié par des anneaux de fer, tel qu'il eft quand on le met au feu. On commence par fouder & forger le petit bout qui doit être la culaffe de la verge ; on continue en plufieurs chaudes jufqu'au milieu de la verge.

O V la verge. O le bout du côté de l'organeau. V le gros bout du côté des bras. V G gouvernail. 1, 2, 3 anneaux ou liens de fer ferrés avec des coins.

10. La même verge à moitié corroyée. On attache une griffe *g h* au quarré O, on chauffe le gros bout V pour couper le gouvernail V G, on continue de chauffer pour fouder le gros bout & le forger de proportion.

On fupprime enfuite le lien 2, & en plufieurs chaudes confécutives on foude & on corroye les parties qui ne l'ont pas encore été, en allant de V vers O ; à chaque chaude on foude un pié ou un pié & demi de la longueur de la verge.

11. La verge entierement forgée. *g h* la griffe. *h* les crochets de la griffe. *i* anneau de fer ferré avec des coins fur la griffe & le quarré de la verge. O bout du côté de l'organeau. V le gros bout du côté des bras ; on ôte enfuite la griffe du quarré, & on en met une autre au gros bout.

12. Mife pour former un des tourillons. *b a* la mife au bout de laquelle eft foudé un ringard *a* F ; c'eft la partie inférieure que l'on chauffe pour l'appliquer à la partie du quarré de la verge où elle doit être placée.

13. Verge dont le gros bout V eft armé d'une griffe *g h* fixée par l'anneau *i* : & fur le quarré O de laquelle eft foudé un tourillon *t*.

Après que la mife eft foudée on coupe le ringard en *a*, figure précédente, & avec la tranche & des chaffes de forme convenable, on acheve de donner au tourillon la forme qu'il doit avoir.

14. Mife pour former l'autre tourillon. *d c* la mife. *e* F le ringard ; c'eft la partie qui eft en-deffus que l'on doit chauffer pour l'appliquer à la partie inférieure du quarré O de la verge, figure précédente, que l'on chauffe, & y former, après avoir retourné la verge, le tourillon T de la figure fuivante.

15. Verge fur laquelle les deux tourillons font foudés. *gh* la griffe. *i* l'anneau. O le quarré. *t*, T les tourillons qui doivent être placés exactement vis-à-vis l'un de l'autre.

PLANCHE VIII.

Suite des chaudes de la Verge & celle d'un des Bras.

Fig. 16. Mandrin pour percer le trou de l'organeau.

17. Tenailles à mandrin. *b* becs ceintrés de la tenaille. *c* poignées.

18. Griffe. *h* crochets de la griffe. *hg* ringard ou tige de la griffe. *i* anneau qui affermit le ringard de la griffe fur la verge, comme on le voit, *fig.* 19.

19. Verge dont le trou de l'organeau eft percé. O culaffe ou quarré de la verge. *a* trou de l'organeau. V le gros bout eft garni d'une griffe; on fait chauffer les crochets de la griffe lorfqu'on veut la mettre en place, & au moyen de quelques coups de marteau à main, on fait approcher les crochets vers la verge qu'ils doivent embraffer.

Pour percer le trou de l'organeau on fait chauffer la culaffe O de la verge, en préfentant fucceffivement fes deux faces oppofées au foyer de la forge; la piece étant fuffifamment chauffée on la porte, au moyen de la grue tournante, fur l'enclume, le marteau étant tenu élevé par le bois debout, alors un des forgerons prend le mandrin, *fig.* 16. avec les tenailles ceintrées, *fig.* 17. il le préfente fur le quarré de la verge en *a*; le maître ancrier leve alors la pelle du courfier pour donner l'eau à la roue du marteau, qui en trois ou quatre coups fait entrer le mandrin dans le quarré de la verge, dont il traverfe toute l'épaiffeur; cette épaiffeur eft, dans l'exemple préfent, d'environ fix pouces.

Le mandrin en s'imprimant dans le quarré de la verge, foule la matiere qu'il rencontre devant lui; pour déboucher entierement le trou on préfente au-deffous de la verge la croupiere, *fig.* 20. qui pofe fur l'enclume, en continuant de frapper avec le gros marteau, le mandrin paffe d'outre-en-outre; on retire enfuite le mandrin & on le fait rentrer par le côté oppofé, pour que les deux ouvertures du trou de l'organeau foient égales.

20. Croupiere dans l'œil de laquelle paffe le bout du mandrin lorfqu'on perce le trou de l'organeau.

21. Couperet pour trancher le fuperflu de la verge & des bras; l'ouvrier tient cet outil par le manche, & le gros marteau qui vient frapper fur la partie oppofée au tranchant, lui fait couper en deux ou trois coups le bout du quarré de la verge, quoiqu'elle ait cependant fix ou huit pouces en quarré; on coupe avec le même outil & fous le gros marteau, le fuperflu des mifes qui fortifient l'encollage, ainfi qu'il fera dit ci-après

22. *cd* Barre compofée de trois barres, corroyée & arrondie pour former l'organeau. *a* coupe ou extrêmité des trois barres avant d'être foudées & corroyées. *b* coupe de la barre après qu'elle eft arrondie.

23. L'organeau ployé & amorcé, prêt à entrer dans le trou de la verge. *ef* les amorces.

24. L'organeau en plan.

25. La verge & l'organeau dans la fituation où il eft lorfqu'on le foude. O quarré de la verge. V gros bout.

Pour paffer l'organeau dans le trou de la verge on chauffe la partie de l'organeau oppofée diamétralement aux amorces *e, f, fig.* 23. afin de pouvoir le ployer & rapprocher les amorces, on renverfe enfuite l'organeau du côté du quarré O, enforte que les amorces qui font rapprochées foient dans le foyer de la forge; on donne une chaude fuante aux amorces, & on foude avec des marteaux à bras fur l'enclume *r*, placée fur le fol de l'attelier, au-devant de la chaufferie Æ (Planche premiere); on retourne enfuite la verge le deffus en deffous,

pour donner une chaude de l'autre côté de l'organeau, qui ainfi eft foudé en deux chaudes.

26. Forte plaque de fer que l'on met fur la verge & fous l'organeau quand on le foude, pour empêcher que la verge qui eft parée ne foit meurtrie par la compreffion de l'organeau fur fes vives arêtes.

27. Coupe tranfverfale de la verge au gros bout.

28. Coupe tranfverfale de la verge au petit bout; ces coupes conviennent auffi aux bras.

29. Verge amorcée pour y fouder les bras.

Pour amorcer la verge on change la fituation du marteau, & on l'amene à celle repréfentée, *fig.* 9. au-bas de la Planche fuivante, de maniere que la rive de la panne du marteau convienne avec le bord de l'enclume du côté de la chaufferie, ce qu'on obtient en éloignant le pié de la jambe mobile 10, 6, *fig.* 5. Planche III. de l'enclume; pour cela, *fig.* 6. même Planche, on defferre le coin 14, & on frappe fur le coin 15. Ce changement des coins fait marcher le pié de la jambe mobile dans fon baffin V vers le court carreau, & par conféquent le pivot 6 de la huffe, mouvement qui porte le marteau vers la chaufferie; c'eft pour que le reffort M, *fig.* 5. Pl. III. puiffe encore rencontrer le manche du marteau dans cette fituation, que l'on donne à fa tête une auffi grande largeur. La chaude étant donnée au gros bout de la verge, on la préfente fur le travers de l'enclume & fous le travers de la panne du marteau, qui à grands coups redoublés amincit cette partie de la verge, & y forme les deux amorces V & *u* que l'on voit dans la figure.

Les figures qui fuivent contiennent la fuite des chaudes d'un des bras; on donne ces chaudes à la chaufferie Œ, Planche premiere.

30. Paquet des bras pour une ancre de 6000 livres, tel qu'il eft quand on le met au feu; on commence par fouder & étirer le petit bout P, le paquet eft lié par deux anneaux de fer 1 & 2. B R gouvernail.

31. Paquet de bras, fur le petit bout P duquel on a foudé un gouvernail *r* R, on chauffe enfuite & on foude le gros bout B en plufieurs chaudes.

32. Le bras amorcé, après que le gros bout eft foudé & étiré de proportion, on l'amorce fur le milieu de l'enclume vis-à-vis duquel on a replacé le marteau. B l'amorce qui n'eft que d'un côté du bras. P petit bout fur lequel on a foudé auparavant un ringard ou gouvernail *r* R, pour porter le bras dans la chaufferie & le manœuvrer facilement fur l'enclume.

33. Bras dont on a forgé le rond B O; pour forger le rond du bras on incline le marteau de côté comme la *fig.* 8. de la Planche fuivante le fait voir, ce qui fe fait en fupprimant quelques-unes des calles que nous avons dit, qui font au-deffous de la boîte de la jambe mobile 10, Pl. III. *fig.* 5. & 6. ce qui fait baiffer le pivot 6 de la huffe, & par conféquent incliner le marteau de maniere que fa panne faffe, avec la table de l'enclume, un angle égal à l'inclinaifon des côtés de la partie conique du bras: partie qu'on nomme *le rond*.

34. Bras fur l'amorce duquel on a foudé un gouvernail *r* R, pour pouvoir étirer & forger le quarré O P.

PLANCHE IX.

La vignette repréfente l'opération de fouder les pattes aux bras.

On voit par cette vignette que cette opération fe fait près de la chaufferie Œ, Planche premiere, & fur le bord de la foffe recouverte de madriers, dont on parlera dans la fuite. BB, CC, DD grue tournante, à l'extrêmité de laquelle le bras B eft fufpendu par la crémaillere *erstuxy*. *er* trevier placé en *e* dans l'entaille de la couliffe. *rt* boulon de la crémaillere. *tu* le coulant. *sxy* la crémaillere. *z* enclume fur laquelle le quarré du bras eft placé.

On voit dans le fond la chaufferie des mifes, la taque ou plaque de fonte *a*, fur laquelle on dreffe les organeaux pour les rendre plans, & le tour ou poteau *p*

autour duquel on les contourne comme il fera dit ci-
après.

Fig. 1. Le maître ancrier tenant une regle de fer avec
laquelle il montre aux forgerons les endroits où
ils doivent faire tomber les coups de leurs marteaux.

2. Forgeron qui tient de la main gauche le gouvernail R du bras, & de la main droite un tourne-à-
gauche pour en empêcher le devers.

3. 4. 5. 6. Quatre forgerons dans l'ordre où ils appliquent leurs coups de marteaux fur l'ouvrage.

Cette opération eft celle de la fabrication de
l'ancre où les ouvriers éprouvent la plus grande
chaleur, étant obligés de fe tenir près d'une maffe
de fer enflammée très-confidérable, auffi leurs
botines leur font alors très-utiles.

Dans une patte, *fig.* 3. ou 5 au bas de la Planche, on diftingue le talon & le bec. Le talon *p p p*
eft la partie large de la patte ; le bec *h* ou P eft la
partie qui finit en pointe.

Avant de fouder la patte au bras, on commence
par lui faire prendre la courbure du quarré du bras
auquel elle doit s'appliquer exactement. Pour cela
la patte étant garnie d'une griffe, comme la *fig.* 3.
du bas de la Planche la repréfente, on la chauffe
dans toute fon étendue, on la porte enfuite fur le
bras, & frappant fur la patte à grands coups de
maffe, fi la patte eft d'une médiocre grandeur, ou
en la préfentant fous le gros marteau & deffus l'ap-
pareil que la *fig.* 10. au bas de la Planche repréfente, on parvient à lui faire prendre la courbure du
bras.

Pour fabriquer une patte, on prend deux mifes
foudées chacune à l'extrêmité d'un ringard, on les
chauffe à deux feux, de maniere qu'elles foient fuan-
tes ; on les foude l'une fur l'autre fous le gros marteau, on coupe un des ringards, on reporte à la
chaufferie, & on ajoute une troifieme mife en
travers, que l'on fonde fur les deux premieres, c'eft
cette derniere mife qui doit former le talon de
la patte. On étire enfuite le tout fous un gros marteau dont la panne eft un peu arrondie ou convexe,
pour mettre au large ; on pare enfuite fous un marteau à panne droite ; & après que la patte eft rebordée, on coupe le ringard qui tient au bec & a fervi
de gouvernail pendant toute fa fabrication.

Il eft aifé de concevoir que s'agiffant de fouder
la patte au quarré du bras, on a dû chauffer l'une
& l'autre de ces pieces à deux chaufferies différentes ; le bras a été chauffé à la chaufferie Œ & du
côté de la concavité, la patte a été chauffée à la
chaufferie des verges cotée Æ, Planche premiere,
& rapportée fur le bras au moyen d'une griffe,
fig. 4. au bas de la Planche.

Bas de la Planche.

Fig. 1. Patte brute, à la pointe de laquelle eft foudé
un gouvernail ; les lignes tracées dans cette figure
font entierement inutiles. *p* P la patte. P *g* gouvernail terminé en *g* par un anneau dans lequel eft
paffé un bâton *a b* devers la patte.

2. Ceintre ou patron fuivant le contour extérieur duquel on reborde la patte en coupant le fuperflu
avec la tranche.

3. Patte rebordée dont le gouvernail a été coupé, &
auquel on a fubftitué une griffe *g h* pour tenir lieu
de gouvernail ; la griffe eft terminée en *g* par un
anneau dans lequel on paffe un bâton comme à la
fig. 1. Les crochets *h* de la griffe font paffés fous le
bec de la patte qui eft enfermé, ainfi que la tige
de la griffe dans un anneau de fer. *p*, *pp* talon de
la patte.

C'eft dans cet état que l'on porte la patte au
foyer de la chaufferie des verges, où on la difpofe de
maniere que le vent des foufflets foit dirigé dans le
fens de fa longueur, & que le milieu de la largeur
du talon foit placé au-deffus du vent, le côté convexe de la patte étant tourné en-deffous : on recou-

vre le deffus d'argille pour empêcher qu'il ne brûle,
on chauffe vivement, enforte que la patte eft entierement rouge ; alors deux ouvriers tenant chacun
une des extrêmités de la barre de fer, *fig.* 7. dont ils
paffent le milieu fous le bec de la patte, aident à
celui qui tient le gouvernail à la tranfporter fur le
bras que d'autres ouvriers ont tiré de la chaufferie Œ (vignette) & placé convenablement fur l'enclume *z* ; alors les forgerons munis de marteaux
du poids de vingt-cinq ou trente livres, frappent
à tours de bras fur la patte, que l'on foude par ce
moyen au quarré du bras, obfervant que le milieu
du talon de la patte réponde exactement au milieu du bras.

Après que la patte eft foudée au talon, on ôte
la griffe, & on reporte le tout à la chaufferie pour
fouder le bec, le quarré eft tourné vers la tuyere,
on couvre de terre le dedans de la patte du côté
du bec pour l'empêcher de brûler, on donne une
chaude fuante, & on foude le bec, que l'on pare
enfuite avec la tranche & différentes chaffes ap-
propriées, le bras eft alors achevé.

4. Griffe à bec pour tranfporter la patte de la chaufferie fur le bras où elle doit être ployée & foudée. *h*
crochets de la griffe. *i* anneau. *hg* gouvernail ou
tige de la griffe. *g* œil qui reçoit un bâton.

5. Patte en perfpective, ployée fuivant le contour du
quarré du bras. *p*, *pp* talon de la patte. P bec.

6. Griffe à bras dont on fe fert après que les pattes
font foudées.

Les crochets *hk* de la griffe embraffent l'épaiffeur du talon de la patte aux deux côtés du quarré
du bras, comme on le voit dans la vignette de la
Planche fuivante ; l'anneau *i* embraffe le bec P de
la patte. *g* extrêmité du gouvernail de la griffe.

7. Barre de fer dont on fe fert pour tranfporter la
patte, *fig.* 3. de la chaufferie, à l'endroit où on
veut la fouder.

8. Situation refpective du marteau & de l'enclume
pour forger le rond des bras.

9. Situation refpective du marteau & de l'enclume
pour amorcer la verge.

10. Bancs couverts de fortes plaques de fer forgé que
l'on place autour de l'enclume, pour avec le gros
marteau ceintrer les bras. P & O bancs ou tréteaux
entre lefquels eft fuppofée l'enclume. X tréteau au-
devant de l'enclume, en place de fourchettes, que
l'on fupprime pendant cette opération, & dont il
tient lieu, fervant de point d'appui aux ringards avec
lefquels les ouvriers, *fig.* 5. & 6. de la vignette,
Pl. VII. font avancer ou reculer le bras pour que
les coups du gros marteau tombent aux endroits
convenables, & que le quarré du bras qui a été
chauffé prenne la courbure requife ; les plaques
de fer dont les tréteaux font couverts fervent à
les garantir du feu pendant l'opération.

PLANCHE X.

La vignette repréfente, dans l'intérieur de la forge,
la maniere d'encoller le premier bras fous le gros marteau.

On voit une partie du drome coté Δ ; la même lettre fe rapporte auffi à la bafcule de la pelle de la roue
du marteau & au bâton Δ *m*, au moyen duquel on
l'ouvre ou on la ferme. M le reffort qui renvoye le
marteau. R le marteau que l'on a remis dans la fituation
indiquée par la *fig.* 9. Pl. IX. Q bois debout emmanché
qui foutient le marteau élevé. BB, CC, DD grue de
la chaufferie Œ des bras. *a d* lien ou fupport de cette
grue. G *e* couliffe qui porte la demi-lune *p*, qui eft fufpendu par des chaînes à l'S *n* accrochée à l'émérillon *m*
l, qui l'eft lui-même au trevier *b e* accroché à l'extrêmité *e*
de la couliffe. G H jauge pour faire avancer la couliffe.

La grue de la chaufferie Æ, porte la crémaillere qui
fufpend la verge ; près de l'autre chaufferie Œ eft la foffe
couverte de madriers.

Fig. 1. Forgeron qui avec un tourne-à-gauche foutient
le devers de la verge, pour que le plan des cou-

vertures foit parallele à la table de l'enclume. O V la verge à laquelle les ouvriers, *fig.* 1. & 2. ont fait faire un demi-tour fur elle-même dans le crochet de la crémaillere, en même tems que fufpendue par la feconde grue ils ont conduit l'amorce fur l'enclume; dans le même tems les ouvriers de la feconde chaufferie apportent aufsi le bras B P fufpendu par la demi-lune *p*, qui l'eft elle-même par des chaînes de fer à l'S qui eft accrochée à l'émérillon *m*, fufpendu par le trevier *l e*. Les ouvriers dirigent le mouvement du bras au moyen de la griffe à bras *h k* R qui embraffe fa patte, de maniere que l'amorce qui eft en-deffous & a été chauffée en cette fituation à la forge Œ, vienne fe placer fur l'amorce de la verge placée fur l'enclume S; en même tems le maître ancrier placé dans l'angle que forme la verge avec le bras, porte avec une regle de fer la mefure de la diftance entre un point marqué fur la verge & la pointe du bec de la patte, pour que le bras ait avec la verge l'inclinaifon requife; cette diftance eft égale à la corde de l'arc que le bras repréfente.

Le bras mis en fituation, l'ouvrier, *fig.* 7. quitte le ringard qu'il tient dans fes mains, tire la perche *m* Δ pour donner l'eau à la roue du marteau; à la premiere levée le bois debout Q tombe de côté, ou eft retiré par un autre ouvrier, les coups les plus violens fe fuccedent avec rapidité, pour profiter de la chaude fuante que l'on a donnée aux deux pieces : c'eft aufsi par la même raifon que les opérations que nous venons de décrire s'exécutent avec la plus grande célérité, enforte que le bras eft encollé, c'eft-à-dire foudé à la verge, en moins de tems qu'il n'en faut pour lire la defcription de l'opération ; on verra dans la Planche fuivante comment on encolle le fecond bras.

2. Autre forgeron qui tient la culaffe de la verge pour pouffer l'amorce fur l'enclume.

3. & 4. Forgerons qui tiennent le gouvernail de la griffe du bras & le conduifent vers l'enclume.

5. Autre forgeron qui tient l'extrêmité du gouvernail de la griffe pour pouffer le bras & faire appliquer fon amorce fur celle de la verge.

6. Forgeron qui tire à lui la jauge pour pouffer la couliffe de la grue à l'extrêmité de laquelle le bras eft fufpendu.

7. Forgeron qui fe difpofe à pouffer en joint avec fon ringard le bras qui eft préfenté fur l'enclume.

Bas de la Planche.

Fig. 1. Croifée de l'ancre dont les deux bras font encollés. V *u* partie de la verge. V collet de la verge. B *p* le bras qui a été encollé le premier. B P le fecond bras. B *o*, B O le rond des bras. Près de *u* il y a de petites étoiles qui fervent de reperes pour porter la mefure dont on a parlé, & faire que les diftances *u p*, *u* P foient égales, ou que les bras foient également écartés. *a a* anneau de corde dont la verge eft entourée, pour empêcher la demi-lune de gliffer le long de la verge. 1, 2 : 1, 3 vuides qui reftent au collet & entre les bras ; on remplit ces vuides avec des mifes quarrées & des mifes plates ; les mêmes vuides fe voyent aufsi de l'autre côté de l'ancre.

2. La même croifée vue du côté extérieur, où on voit les vuides 3 & 3, qui doivent être remplis avec les mifes quarrées & les mifes plates.

V tenon de la verge pris entre les tenons des bras qui lui font foudés, l'un deffus & l'autre deffous. V *p*, V P les bras. V *o*, V O le rond des bras. *o p*, O P les pattes.

3. Mife plate vue par-deffus, & deftinée pour le collet 1, 2 de la verge.

La mife *b e* eft foudée au bout d'un ringard *e r*, qui fert à la tranfporter facilement de la chaufferie fur le collet 1, 2 où elle eft foudée par le gros marteau, c'eft la partie arrondie ou le deffous dans cette figure, qui a reçu à la chaufferie une chaude

fuante, ainfi que le côté du collet auquel on veut l'adapter.

4. Mife plate vue par-deffous, & deftinée pour l'autre côté du collet de la verge.

Cette mife *a c* de même foudée à un ringard *c r* eft vue du côté convexe, qui eft celui que l'on préfente à la tuyere ; après que les mifes font foudées on coupe les ringards avec la tranche ou le couperet.

5. Mife plate pour le vuide 1, 3 du bras, vue par-deffous ou du côté qu'elle doit être chauffée. *a r* ringard.

6. Mife quarrée pour remplir le vuide du bras, vue par-deffous ou du côté qu'elle doit être chauffée ; on place cette mife avant la mife plate. *b r* ringard.

7. Autre mife plate pour le vuide de l'autre bras, vue par-deffus ou du côté que frappe le marteau. *b, r r* fon ringard.

8. Autre mife quarrée pour le vuide de l'autre bras, vue par-deffus ou du côté que frappe le marteau.

9. Une patte vue du côté concave oppofé au bras. *a b* talon de la patte. *p* le bec.

10. Une patte vue du côté convexe ou du bras, où on diftingue les façons 1 P : 2 P du bec P. A B talon. O naiffance du rond du bras : ces deux dernieres figures font deffinées fur une échelle double.

PLANCHE XI.

La vignette repréfente l'opération d'encoller le fecond bras.

Le fpectateur eft fuppofé placé à l'entrée de la porte qui communique au pont fur le courfier de la roue du marteau. Δ *δ* le drome. L clé tirante ou aiguille qui affemble les deux jambes. L P jambe mobile. On voit dans la fole de baffinage deux des trois coins qui affurent le pié de la jambe ; le coin au-deffous de la patte de l'ancre eft celui coté 12 dans la *fig.* 5. Pl. III. le fecond côté du court-carreau X eft celui coté 14 dans la *fig.* 6. de la même Pl. X mortoife de la clé du reffort. M le reffort. N la huffe. P la braye. R le marteau. S l'enclume. C C, D D grue de la chaufferie des bras. *b b, c c, d d* grue de la chaufferie des verges.

La verge O V B & les bras B P précédemment encollés, font fufpendus à la grue tournante par la demi-lune V, l'S *o n*, l'émérillon *n m l*, & le trevier *l d d*. Le bras B P eft foutenu dans la fituation horizontale par une chaîne P *a*, qui après avoir été nouée autour du rond du bras, vient faire le tour du bec P, & delà va s'attacher en *a* au trevier.

Le bras B P, premierement encollé & chauffé à la chaufferie des verges où il étoit tourné de l'autre côté, a été renverfé dans la fituation que la figure repréfente, pour que l'amorce de la verge foit en-deffus, & qu'elle fe préfente à celle du bras B *h* que l'on a chauffé à la feconde chaufferie. Pour aider à renverfer ainfi le bras, après que la piece eft tirée du foyer & apportée près de l'enclume, on attache une corde par un crochet de fer qui la termine à quelque maillon de la chaîne près le bec P du bras. Cette corde qui paffe fur une poulie fixée à une des traverfes du comble de la forge, va fe rendre à un treuil dont le plan eft repréfenté Pl. premiere près de la porte qui communique au pont fur le courfier de la roue du marteau. Au moyen de ce treuil on renverfe avec facilité le bras de l'ancre que l'on met ainfi fur l'enclume dans la fituation que la vignette repréfente.

Pendant cette opération, d'autres ouvriers tirent le fecond bras de la chaufferie, & le conduifent au moyen de la feconde grue fur l'amorce de la verge deftinée à le recevoir. Le bras eft porté par une demi-lune fufpendue par des chaînes & une corde à une poulie placée pour cela à l'extrêmité D D du bras de la grue ; cette corde va s'enrouler fur un treuil vifible dans la Pl. IX. & qui eft caché dans celle-ci par le gros marteau & un ouvrier.

Fig. 1. Le maître ancrier, qui avec une regle du fer dont il applique une des extrêmités au bec de la patte, & l'autre à un repaire marqué fur la verge, donne au bras que l'on va fouder, l'écartement néceffaire, ainſi qu'il a été dit en expliquant la *fig.* 1. du bas de la Pl. précédente.

2. Aide du maître ancrier, qui ſoutient une des extrêmités de la regle.

3. Forgeron qui tient la culaſſe O de l'ancre, pour la gouverner & la pouſſer ſur l'enclume.

4. Forgeron qui avec un levier paſſé dans la partie inférieure de l'organeau, maintient le devers de l'ancre.

5. Forgeron qui tire à lui la jauge pour faire avancer la couliſſe de la grue à laquelle la verge eſt ſuſpendue.

6. Forgeron qui avec un ringard pouſſe en joint le bras que l'on va ſouder; ce bras eſt ſuſpendu à la ſeconde grue.

7. & 8. Forgerons qui tiennent le gouvernail de la griffe à bras repréſentée *fig.* 6 Pl. IX. pour préſenter le bras à la place où il doit être ſoudé.

Bas de la Planche.

Il repréſente les outils dont les forgerons ſe ſervent, deſſinées ſur une échelle double.

Fig. 1. Tourne-à-gauche. *b c* crochet qui embraſſe la partie quarrée des gouvernaux des paquets de verges ou de bras. *b a* tige ou manche du tourne-à-gauche, réduit à huit pans ou arrondi vers *a*; cet outil eſt entierement de fer.

2. Taillet tenant lieu de tranche, & avec lequel les ouvriers coupent ſous le gros marteau le fer ſuperflu des miſes. *b* tête du taillet ſur laquelle frappe le gros marteau. *c* le taillant acéré. *b a* le manche qui eſt de fer.

3. Fonſoir. Sorte de chaſſe ronde qui ſert ſous le gros marteau à enfoncer les miſes quarrées, *fig.* 6. & 8. Pl. précédente, dans les vuides 1, 3 de la *fig.* 1. *b* partie du fonſoir ſur laquelle frappe le gros marteau. *c* partie qui enfonce les miſes quarrées. *b a* le manche qui eſt de fer.

4. Tranche, le tranchant *c* eſt acéré.

5. Tranche emmanchée. *b* tête de la tranche ſur laquelle les forgerons frappent avec leurs marteaux. *c* le taillant. 2, 1, *a* le manche qui eſt de bois. 1, 2 anneaux ou frettes de fer pour empêcher le manche de fendre.

6. Marteau. *b* la tête. *c* la panne. *a* le manche de bois de cornouillier; cet outil eſt acéré par les deux bouts.

7. Marteau à parer. *b* la tête. *c* la panne. *a* le manche de bois. Cet outil eſt acéré par les deux bouts.

8. Chaſſe à chanfrin à droite. *b* tête ſur laquelle les ouvriers frappent avec leurs marteaux. *c* côté acéré de la chaſſe. *a* le manche qui eſt de bois.

9. Chaſſe à chanfrin à gauche. *b* tête de la chaſſe. *c* partie acérée. *a* le manche qui eſt de bois.

10. Chaſſe quarrée qui n'eſt inclinée ni d'un côté ni de l'autre. *b* la tête ſur laquelle les ouvriers frappent avec leurs marteaux. *c* partie acérée. *a* le manche qui eſt de bois.

11. Chaſſe à panne. *b* la tête de la chaſſe. *c* la panne acérée & arrondie comme celle du marteau *fig.* 6. avec cette différence que la longueur de la panne eſt parallele à l'œil ou trou qui reçoit le manche du bois *a*, au-lieu qu'aux marteaux cette longueur eſt perpendiculaire à la direction du manche.

12. Gouvernail pour ployer les organeaux. A B gouvernail. B & C anneaux qui reçoivent la barre arrondie, *fig.* 22. Pl. VIII. dont l'organeau doit être formé, que l'on ploye en cette ſorte, après qu'on l'a fait rougir dans toute ſa longueur, en la faiſant entrer ſucceſſivement dans le trou de la bande de fer du tour repréſenté en P dans la vignette de la Planche II.

13. Crochet ou tiſonnier. *a b* la tige. *b* crochet. Cet outil eſt de fer.

14. Rouable. *b* ratiſſoire du rouable. *c* douille qui reçoit le manche *c a* qui eſt de bois.

15. Pelle. *b* la pelle. *c* douille. *c a* manche de bois.

16. Ringard. Il eſt quarré & aminci vers *b*, & réduit à 8

pans du côté de *a*. Cet outil eſt de fer, il y en a de différentes longueurs.

PLANCHE XII.

L'opération de parer.

La vignette repréſente la partie de la forge où eſt la foſſe dont on a découvert une partie pour y laiſſer paſſer un des bras de l'ancre.

Δ ∂ le drome. ∂ extrêmité du drome qui porte ſur un chevalet. B B, C C, D D grue tournante de la ſeconde chaufferie Œ, à laquelle l'ancre eſt ſuſpendue. C'eſt au bas de cette grue que doit être placé le treuil que l'on voit Pl. IX. qui a de même été omis dans la Pl. X, comme ne ſervant point aux opérations qu'elles repréſentent. Derriere la grue & ſous une arcade on voit le coffre où les ouvriers renferment leurs menus outils. W la foſſe couverte en partie de madriers. Z enclume de la foſſe poſée ſur deux chantiers.

Lorſque l'on ſoude les miſes repréſentées au bas de la Pl. X, miſes qui ſont ſoudées ſous le gros marteau, il faut que la foſſe ſoit entierement découverte pour que l'on puiſſe retourner l'ancre en même tems qu'on la tire du foyer de la chaufferie Œ, & qu'au moyen de la grue on la tranſporte ſur l'enclume. Les bras qui dans le foyer de la chaufferie ont la ſituation horizontale, prennent en paſſant au-deſſus de la foſſe la ſituation verticale, & en achevant de leur faire décrire un demi-cercle, la partie de l'ancre qui étoit deſſous & regardoit la tuyere, ſe trouve deſſus & tournée vers le marteau. Ces deux mouvemens de virer l'ancre ſur elle-même, & de la tranſporter à l'enclume, s'exécutent en même tems pour profiter de la chaleur des pieces; la foſſe qui a été creuſée pour faciliter ce mouvement, reſte couverte pendant toutes les autres opérations.

Après que toutes les miſes tant du collet de la verge que celles des bras, ont été ſoudées ſous le gros marteau, & qu'avec le taillet, *fig.* 2. Pl. XI. on a coupé le fer ſuperflu, on rapporte l'ancre ſur l'enclume Z de la foſſe qu'on a recouverte de ſes madriers; la croiſée de l'ancre étant couchée horizontalement ſur l'enclume & non verticalement comme la figure le repréſente, ſituation rélative à une autre opération que l'on décrira dans la ſuite, on acheve de trancher avec la tranche le fer que le taillet n'a pu emporter. On perfectionne les angles des aiſſelles avec les chaſſes à chanfrin tournées du ſens convenable, opérations qu'on ne pourroit faire ſous le gros marteau.

Fig. 1. Le maître ancrier qui préſente la tranche, *fig.* 5. de la Pl. précédente, ſur les parties de l'ancre où il y a du fer à retrancher. L'ancre eſt ſuppoſée, ainſi qu'il vient d'être dit, dans la ſituation horizontale, telle qu'elle étoit ſur l'enclume du gros marteau, à cette différence près que la culaſſe O de la verge O V de l'ancre qui eſt tournée actuellement vers l'arbre vertical de la grue, étoit tournée dans le ſens de la longueur du drome. C'eſt pour faciliter ce mouvement que l'on a ajouté à la ſuſpenſion l'émérillon I M N, *fig.* 12. Pl. III. duquel on n'a pas alors expliqué l'uſage. Le boulon M tournant dans l'étrier de l'émérillon ſe prête à tous les mouvemens.

2. & 3. Deux forgerons qui avec des marteaux à frapper devant, frappent ſur la tête de la tranche, pour lui faire couper le fer ſuperflu.

Les mêmes ouvriers frappent de même ſur les chaſſes, *fig.* 8. 9. & 10. Pl. XI. lorſque le maître ancrier en fait uſage pour renforcer les angles rentrans des aiſſelles.

4. Forgeron qui maintient la verge de l'ancre.

5. Forgeron qui tire la jauge H G pour pouſſer l'ancre auprès de l'enclume.

    1, 2 : 3, 4 deux ringards paſſés en croix dans l'organeau, pour ſoutenir la verge dans la ſituation que la figure repréſente, ſituation qu'on lui donne pour parer le rond du bras & quelques autres parties.

Parer l'ancre, c'eſt la marteler avec les petits marteaux,

marteaux, *fig.*7. Pl. XI. que les ouvriers trempent dans des seaux pleins d'eau placés auprès d'eux ; cette opération qui se pratique sur la fin des chaudes sert à applanir les plus petites inégalités , & à faire tomber les écailles ou scories que le feu a fait lever de dessus l'ouvrage.

Bas de la Planche.

Fig. 1. Ancre de six milliers entierement achevée.
O la culasse & l'organeau. T T un des tourillons ; les mêmes lettres indiquent aussi l'emplacement du jas. O V la verge. V P , V *p* bras. V O, V *o* rond des bras.

2. Vue de l'ancre du côté extérieur des pattes.
p , P becs. *p a b* , P A B les pattes. A B, *ab* talon des pattes.

3. Partie de la verge & le jas de l'ancre. O la culasse & l'organeau. O V partie de la verge.

4. Coupe transversale des deux flaches qui composent le jas , par le milieu de leur longueur.
A B les deux flaches. 1 & 2 emplacement des tourillons.

5. Face intérieure d'une des deux flaches, où on voit l'emplacement du quarré de la verge & celui des tourillons T *t* ; à côté est le profil d'une des flaches. O emplacement de la moitié de la culasse.

PLANCHE XIII.

Elle représente la machine à radouber les ancres dans les ports où on n'a point de chûte d'eau pour faire lever un martinet.

La vignette représente l'intérieur d'une forge & une partie de la machine , les deux chaufferies. On y voit six forgerons occupés à faire aller la machine , en tirant des cordes accrochées à des chevilles plantées perpendiculairement sur un des rais des balanciers , auxquels elles servent de manivelle. Sur l'enclume on voit une ancre prête à être encollée , & plusieurs forgerons qui en soutiennent les différentes parties , qui sont aussi supportées par les grues ou potences tournantes , qu'on voit dans la figure.

Bas de la Planche.

Fig. 9. Montre plus en grand l'extrêmité de la bascule supérieure ; on y voit comme la douille du T est jointe par une clavette à la cheville du cric.

10. Le T vu séparément.

11. Coupe longitudinale de la machine par le milieu de sa largeur.

12. Cheville postérieure du cric , & clavette qui retient la douille du T.

13. Elévation géométrale du tambour de la lanterne & du cric ; c'est sur les extrêmités de l'arbre de ce tambour , qui sont quarrées , que l'on monte les balanciers ou volans.

14. Vue perspective du ressort & de la platine sur laquelle il est monté.

15. Vue perspective de toute la machine. *x* cheville servant de manivelle, & sur laquelle la corde que les forgerons 1 , 2 , 3 de la vignette tirent est accrochée.

TABLE

TABLE DES PROPORTIONS DE TRENTE ANCRES DE DIFFERENS POIDS.

POIDS des ANCRES.	PROPORTIONS DE CHAQUE VERGE D'ANCRE.														PROPORTIONS DE LA CULASSE.								ORGANEAUX.			
	LONGUEUR d'un bout à l'autre.		LARGEUR au collet.		EPAISSEUR au collet.		LARGEUR au quarré.		EPAISSEUR au quarré.		LONGUEUR de la culasse.		LARGEUR & EPAISSEUR des tourillons.		DIAMETRE du trou de l'organeau.		DISTANCE du trou à la tête de la culasse.		LARGEUR à la tête de la culasse.		EPAISSEUR à la tête de la culasse.		DIAMETRE de son ouverture.		DIAMETRE de sa grosseur.	
Livres.	Piés.	Pouc.	Pouc.	Lignes.	Pouc.	Lignes.	Pouc.	Lignes.	Pouc.	Lignes.	Piés.	Pouces.	Pouc.	Lignes.	Pouc.	Lignes.	Pouc.	Lignes.	Pouc.	Lignes.	Pouc.	Lignes.	Pouc.	Lignes.	Pouc.	Lignes.
8000.	17	6.	12	5.	8	10.	8	4.	6	3.	3	1.	2	9.	3	11.	4	0.	9	3.	6	3.	26	2.	3	6.
7500.	17	4.	12	4.	8	9.	8	3.	6	2.	3	0.	2	9.	3	10.	3	11.	9	2.	6	2.	25	11.	3	5.
7000.	17	0.	12	0.	8	6.	8	0.	6	0.	3	0.	2	8.	3	9.	3	10.	8	11.	6	0.	25	1.	3	4.
6500.	16	7.	11	7.	8	4.	7	9.	5	10.	2	11.	2	7.	3	8.	3	9.	8	6.	5	10.	24	6.	3	3.
6000.	16	3.	11	2.	8	2.	7	6.	5	9.	2	10.	2	6.	3	7.	3	8.	8	1.	5	9.	23	9.	3	2.
5800.	16	2.	11	0.	8	1.	7	4.	5	8.	2	9.	2	6.	3	7.	3	8.	7	11.	5	8.	23	4.	3	2.
5600.	16	0.	10	10.	8	0.	7	2.	5	8.	2	9.	2	6.	3	6.	3	7.	7	9.	5	8.	23	1.	3	1.
5400.	15	10.	10	8.	7	11.	7	1.	5	7.	2	8.	2	5.	3	6.	3	7.	7	8.	5	7.	22	10.	3	1.
5200.	15	8.	10	6.	7	10.	7	0.	5	7.	2	8.	2	5.	3	5.	3	6.	7	7.	5	7.	22	7.	3	0.
5000.	15	6.	10	5.	7	9.	6	11.	5	6.	2	7.	2	4.	3	5.	3	6.	7	6.	5	6.	22	4.	3	0.
4800.	15	3.	10	2.	7	8.	6	9.	5	5.	2	7.	2	4.	3	4.	3	5.	7	4.	5	5.	22	0.	2	11.
4600.	15	0.	10	0.	7	8.	6	7.	5	5.	2	7.	2	3.	3	3.	3	5.	7	2.	5	5.	21	9.	2	11.
4400.	14	9.	9	10.	7	7.	6	6.	5	4.	2	6.	2	3.	3	2.	3	4.	7	0.	5	4.	21	6.	2	10.
4200.	14	6.	9	8.	7	6.	6	5.	5	4.	2	6.	2	2.	3	2.	3	4.	6	10.	5	4.	21	3.	2	10.
4000.	14	3.	9	6.	7	4.	6	4.	5	3.	2	5.	2	2.	3	1.	3	3.	6	8.	5	3.	21	0.	2	9.
3800.	14	0.	9	4.	7	2.	6	3.	5	2.	2	4.	2	1.	3	1.	3	3.	6	7.	5	2.	20	6.	2	9.
3600.	13	9.	9	2.	7	0.	6	1.	5	2.	2	4.	2	1.	3	0.	3	2.	6	6.	5	1.	20	1.	2	8.
3400.	13	6.	8	11.	6	10.	5	11.	5	1.	2	3.	2	0.	2	11.	3	2.	6	5.	5	0.	19	8.	2	7.
3200.	13	3.	8	8.	6	8.	5	9.	5	0.	2	2.	1	11.	2	10.	3	1.	6	4.	5	0.	19	3.	2	6.
3000.	13	0.	8	5.	6	6.	5	7.	5	0.	2	2.	1	10.	2	10.	3	1.	6	4.	5	0.	19	0.	2	6.
2800.	12	8.	8	3.	6	4.	5	6.	4	11.	2	1.	1	10.	2	9.	3	0.	6	3.	4	11.	18	5.	2	5.
2600.	12	4.	8	0.	6	2.	5	5.	4	9.	2	1.	1	9.	2	8.	2	11.	6	2.	4	9.	18	0.	2	5.
2400.	12	0.	7	9.	6	0.	5	4.	4	7.	2	0.	1	9.	2	7.	2	10.	6	0.	4	7.	17	7.	2	4.
2200.	11	8.	7	6.	5	10.	5	2.	4	5.	1	11.	1	8.	2	7.	2	9.	5	10.	4	5.	17	2.	2	4.
2000.	11	4.	7	3.	5	8.	5	0.	4	3.	1	10.	1	7.	2	6.	2	8.	5	8.	4	3.	16	9.	2	3.
1800.	11	0.	6	11.	5	6.	4	9.	4	0.	1	9.	1	7.	2	5.	2	7.	5	4.	4	0.	16	3.	2	2.
1600.	10	8.	6	7.	5	4.	4	6.	3	9.	1	8.	1	6.	2	4.	2	6.	5	0.	3	9.	14	6.	2	2.
1400.	10	4.	6	3.	5	1.	4	3.	3	6.	1	7.	1	5.	2	3.	2	5.	4	8.	3	6.	14	10.	2	0.
1200.	10	0.	5	11.	5	0.	4	0.	3	4.	1	6.	1	4.	2	1.	2	4.	4	5.	3	4.	13	2.	1	11.
1000.	9	8.	5	7.	5	0.	3	9.	3	2.	1	0.	1	3.	1	10.	2	3.	4	2.	3	2.	13	0.	1	9.

SUITE DE LA TABLE DES PROPORTIONS DES ANCRES.

POIDS des ANCRES (Livres)	PROPORTIONS DES BRAS DE CHAQUE ANCRE							PROPORTIONS DES BECS				PROPORTIONS DES PATTES			
	LONGUEUR de chaque bras sans l'amorce (Piés · Pouc.)	LONGUEUR du rond depuis l'amorce jusqu'au quarré (Piés · Pouc.)	LONGUEUR du quarré depuis sa naissance jusqu'au bout (Piés · Pouc.)	LARGEUR dans le collet du bras (Pouc. · Lignes)	EPAISSEUR dans le collet du bras (Pouc. · Lignes)	LARGEUR à la naissance du quarré (Pouc. · Lignes)	EPAISSEUR à la naissance du quarré (Pouc. · Lignes)	LARGEUR du quarré à la naissance du bec (Pouc. · lignes)	EPAISSEUR du quarré à la naissance du bec (Pouc. · Lignes)	LONGUEUR des becs depuis la naissance jusqu'au bout (Pouc. · Lignes)	LARGEUR du bout des becs (Pouc. · Lignes)	LONGUEUR de la patte sans le bec (Pouc. · Lignes)	LARGEUR au talon (Pouc. · Lignes)	EPAISSEUR au milieu (Pouc. · Lignes)	EPAISSEUR aux côtés (Pouc. · Lignes)
8000.	6 · 2.	2 · 6.	3 · 8.	12 · 5.	8 · 10.	8 · 4.	6 · 3.	4 · 2.	3 · 6.	6 · 2.	3 · 1.	38 · 2.	34 · 1.	2 · 9.	2 · 2.
7500.	6 · 2.	2 · 6.	3 · 8.	12 · 4.	8 · 9.	8 · 3.	6 · 2.	4 · 2.	3 · 6.	6 · 2.	3 · 1.	37 · 10.	33 · 9.	2 · 9.	2 · 2.
7000.	6 · 0.	2 · 5.	3 · 7.	12 · 0.	8 · 6.	8 · 0.	6 · 0.	4 · 0.	3 · 4.	6 · 0.	3 · 0.	37 · 0.	33 · 0.	2 · 8.	2 · 1.
6500.	5 · 10.	2 · 4.	3 · 6.	11 · 7.	8 · 4.	7 · 9.	5 · 10.	3 · 11.	3 · 3.	5 · 10.	2 · 11.	36 · 2.	32 · 3.	2 · 7.	2 · 0.
6000.	5 · 8.	2 · 3.	3 · 5.	11 · 2.	8 · 2.	7 · 6.	5 · 9.	3 · 10.	3 · 2.	5 · 8.	2 · 10.	35 · 4.	31 · 6.	2 · 6.	1 · 11.
5800.	5 · 8.	2 · 3.	3 · 5.	11 · 0.	8 · 1.	7 · 4.	5 · 8.	3 · 10.	3 · 2.	5 · 8.	2 · 10.	35 · 4.	31 · 3.	2 · 6.	1 · 11.
5600.	5 · 7.	2 · 2.	3 · 5.	10 · 10.	8 · 0.	7 · 2.	5 · 8.	3 · 9.	3 · 1.	5 · 8.	2 · 10.	35 · 4.	31 · 0.	2 · 6.	1 · 11.
5400.	5 · 6.	2 · 2.	3 · 4.	10 · 8.	7 · 11.	7 · 1.	5 · 7.	3 · 8.	3 · 0.	5 · 6.	2 · 10.	34 · 6.	30 · 8.	2 · 5.	1 · 10.
5200.	5 · 5.	2 · 1.	3 · 4.	10 · 6.	7 · 10.	7 · 0.	5 · 7.	3 · 7.	2 · 11.	5 · 6.	2 · 9.	34 · 6.	30 · 4.	2 · 5.	1 · 10.
5000.	5 · 4.	2 · 1.	3 · 3.	10 · 5.	7 · 9.	6 · 11.	5 · 6.	3 · 6.	2 · 10.	5 · 4.	2 · 8.	33 · 8.	30 · 0.	2 · 4.	1 · 9.
4800.	5 · 4.	2 · 1.	3 · 3.	10 · 2.	7 · 8.	6 · 9.	5 · 5.	3 · 5.	2 · 10.	5 · 4.	2 · 8.	33 · 8.	29 · 9.	2 · 4.	1 · 9.
4600.	5 · 3.	2 · 1.	3 · 2.	10 · 0.	7 · 8.	6 · 7.	5 · 5.	3 · 4.	2 · 9.	5 · 3.	2 · 7.	32 · 9.	29 · 6.	2 · 3.	1 · 8.
4400.	5 · 2.	2 · 0.	3 · 2.	9 · 10.	7 · 7.	6 · 6.	5 · 4.	3 · 3.	2 · 8.	5 · 3.	2 · 7.	32 · 9.	29 · 2.	2 · 3.	1 · 8.
4200.	5 · 1.	2 · 0.	3 · 1.	9 · 8.	7 · 7.	6 · 5.	5 · 4.	3 · 2.	2 · 7.	5 · 2.	2 · 7.	31 · 10.	28 · 10.	2 · 2.	1 · 7.
4000.	5 · 0.	2 · 0.	3 · 0.	9 · 6.	7 · 6.	6 · 4.	5 · 3.	3 · 2.	2 · 6.	5 · 0.	2 · 6.	31 · 0.	28 · 6.	2 · 2.	1 · 7.
3800.	4 · 10.	1 · 11.	2 · 11.	9 · 4.	7 · 4.	6 · 3.	5 · 2.	3 · 1.	2 · 6.	5 · 0.	2 · 6.	30 · 0.	28 · 3.	2 · 2.	1 · 7.
3600.	4 · 9.	1 · 10.	2 · 11.	9 · 2.	7 · 2.	6 · 1.	5 · 1.	3 · 0.	2 · 5.	5 · 0.	2 · 5.	30 · 0.	28 · 3.	2 · 1.	1 · 6.
3400.	4 · 8.	1 · 9.	2 · 11.	8 · 11.	7 · 0.	5 · 11.	5 · 0.	2 · 11.	2 · 4.	4 · 9.	2 · 5.	30 · 0.	28 · 0.	2 · 1.	1 · 6.
3200.	4 · 7.	1 · 8.	2 · 10.	8 · 8.	6 · 10.	5 · 9.	4 · 11.	2 · 10.	2 · 3.	4 · 9.	2 · 4.	29 · 3.	27 · 8.	2 · 0.	1 · 5.
3000.	4 · 6.	1 · 8.	2 · 10.	8 · 5.	6 · 8.	5 · 7.	4 · 9.	2 · 9.	2 · 1.	4 · 9.	2 · 3.	29 · 3.	27 · 4.	2 · 0.	1 · 5.
2800.	4 · 4.	1 · 6.	2 · 9.	8 · 3.	6 · 6.	5 · 6.	4 · 7.	2 · 8.	1 · 11.	4 · 8.	2 · 1.	28 · 4.	27 · 0.	1 · 11.	1 · 5.
2600.	4 · 3.	1 · 6.	2 · 8.	8 · 0.	6 · 4.	5 · 5.	4 · 5.	2 · 7.	1 · 10.	4 · 7.	2 · 0.	27 · 5.	26 · 4.	1 · 10.	1 · 4.
2400.	4 · 2.	1 · 6.	2 · 7.	7 · 9.	6 · 2.	5 · 4.	4 · 3.	2 · 6.	1 · 9.	4 · 5.	1 · 11.	26 · 5.	25 · 8.	1 · 9.	1 · 4.
2200.	4 · 1.	1 · 6.	2 · 6.	7 · 6.	6 · 0.	5 · 2.	4 · 0.	2 · 5.	1 · 8.	4 · 3.	1 · 10.	25 · 9.	25 · 0.	1 · 8.	1 · 3.
2000.	4 · 0.	1 · 6.	2 · 4.	7 · 3.	5 · 10.	5 · 0.	3 · 9.	2 · 4.	1 · 7.	4 · 2.	1 · 9.	23 · 10.	24 · 3.	1 · 8.	1 · 3.
1800.	3 · 10.	1 · 6.	2 · 2.	6 · 10.	5 · 8.	4 · 9.	3 · 6.	2 · 3.	1 · 6.	4 · 1.	1 · 7.	21 · 11.	23 · 6.	1 · 7.	1 · 2.
1600.	3 · 8.	1 · 6.	2 · 1.	6 · 7.	5 · 6.	4 · 6.	3 · 3.	2 · 2.	1 · 5.	4 · 0.	1 · 5.	21 · 0.	22 · 3.	1 · 6.	1 · 2.
1400.	3 · 6.	1 · 5.	2 · 0.	6 · 3.	5 · 4.	4 · 3.	3 · 0.	2 · 1.	1 · 3.	3 · 11.	1 · 3.	20 · 1.	21 · 0.	1 · 5.	1 · 1.
1200.	3 · 4.	1 · 4.	1 · 11.	5 · 11.	5 · 2.	4 · 0.	3 · 9.	2 · 1.	1 · 5.	3 · 11.	1 · 5.	19 · 3.	19 · 9.	1 · 5.	1 · 0.
1000.	3 · 2.	1 · 3.	3 · 9.	5 · 7.	5 · 1.	3 · 9.	3 · 2.	2 · 11.	1 · 3.	3 · 3.	1 · 3.	19 · .	17 · 3.	1 · 4.	1 · 0.

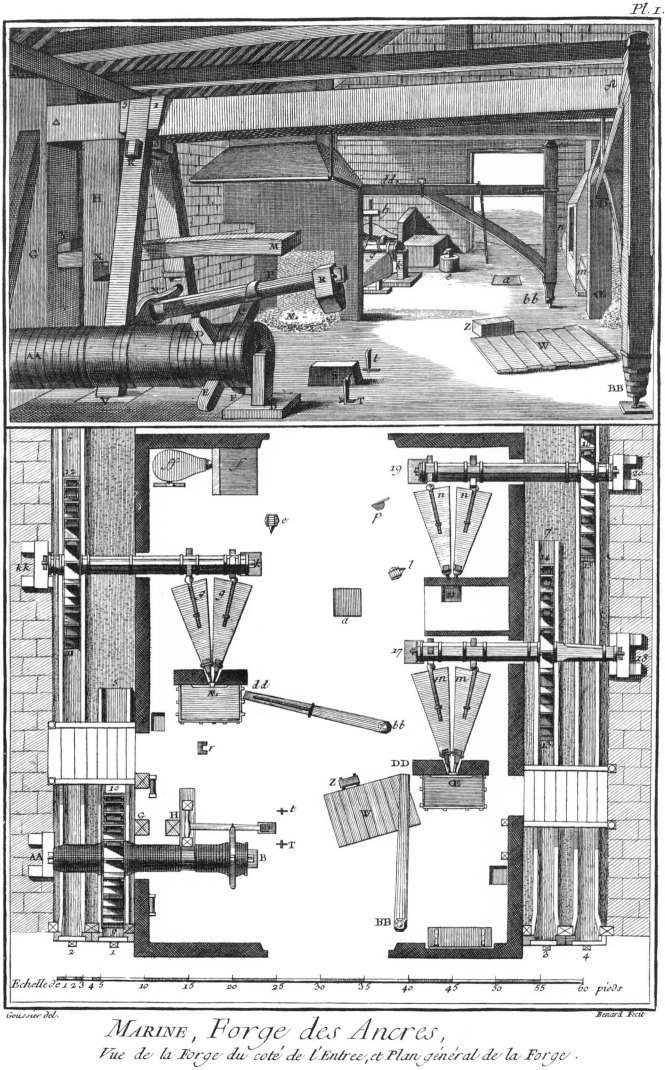

Pl. I.

MARINE, *Forge des Ancres,*
Vue de la Forge du coté de l'Entrée, et Plan général de la Forge.

Goussier del.

Benard Fecit.

Echelle de 1 2 3 4 5   10   15   20   25   30   35   40   45   50   55   60 *pieds*

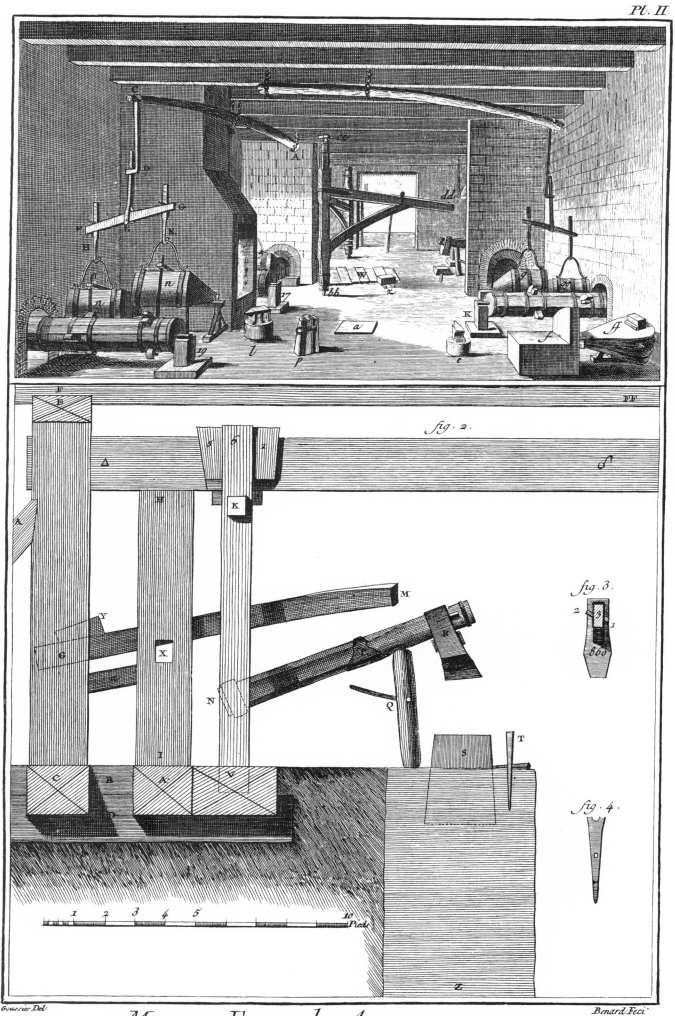

Pl. II.

fig. 2.

fig. 3.

fig. 4.

Goussier Del.

Benard Feci.

MARINE, Forge des Ancres,
Vue Postérieure de la Forge et Profil de l'Ordon.

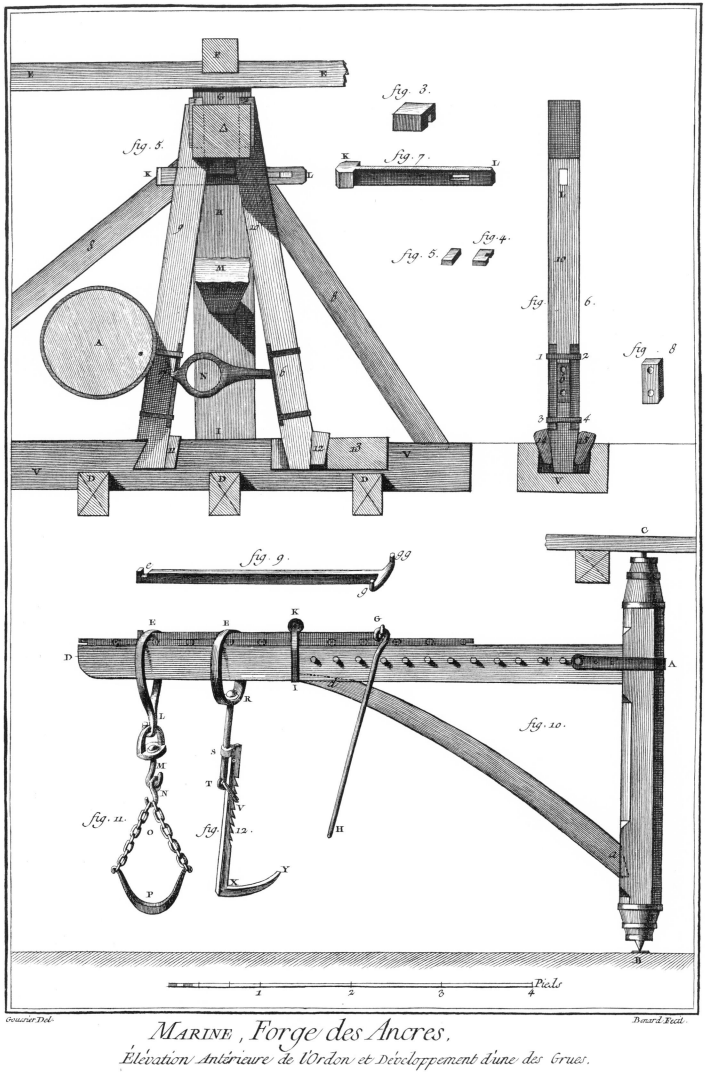

Pl. III.

fig. 3.

fig. 7.

fig. 5.

fig. 4.

fig. 8.

fig. 6.

fig. 9.

fig. 10.

fig. 11.

fig. 12.

Piels

Goussier Del.

Benard Fecit.

MARINE, Forge des Ancres,
Élévation Antérieure de l'Ordon et Développement d'une des Grues.

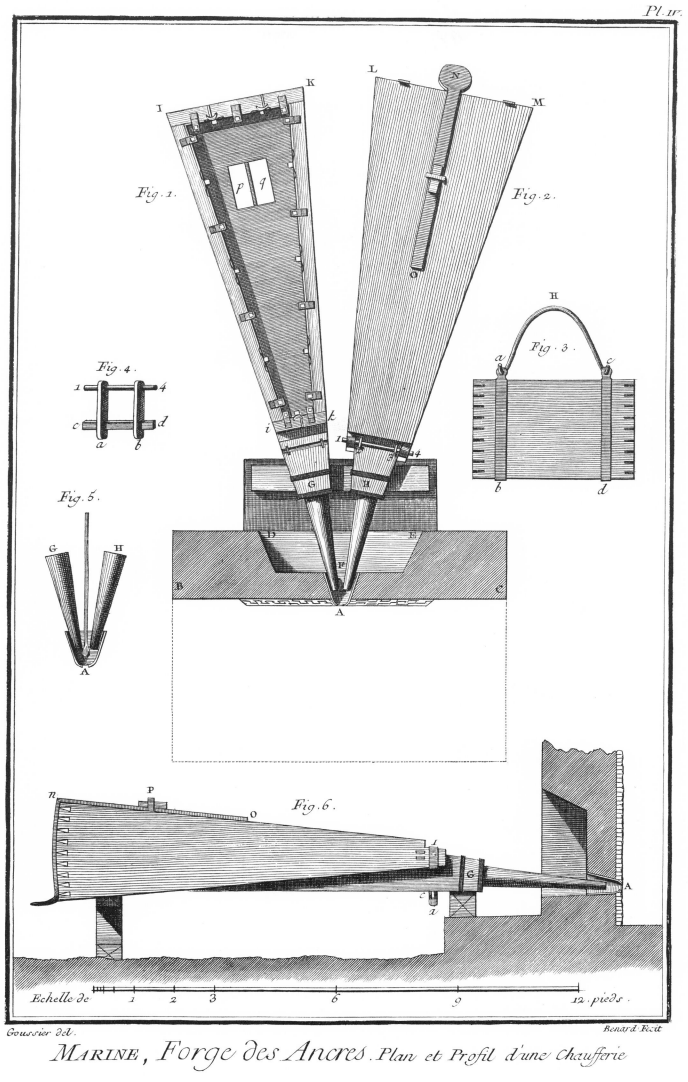

Pl. IV.

Fig. 1.

Fig. 2.

Fig. 3.

Fig. 4.

Fig. 5.

Fig. 6.

Echelle de   1   2   3   6   9   12. pieds.

Goussier del.

Benard Fecit

MARINE, *Forge des Ancres. Plan et Profil d'une Chaufferie*

Pl. V.

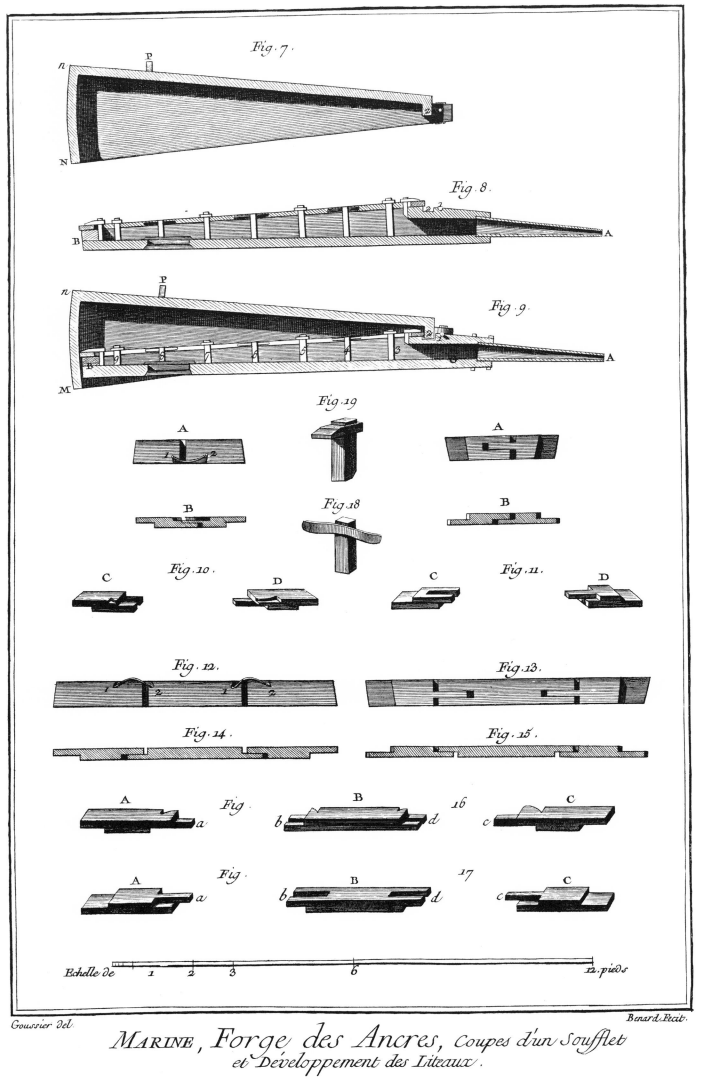

Fig. 7.

Fig. 8.

Fig. 9.

Fig. 19.

Fig. 18.

Fig. 10.

Fig. 11.

Fig. 12.

Fig. 13.

Fig. 14.

Fig. 15.

Fig. 16.

Fig. 17.

Echelle de   1   2   3   6   12. pieds

Goussier del.

Benard Fecit.

MARINE, Forge des Ancres, Coupes d'un Soufflet
et Développement des Liteaux.

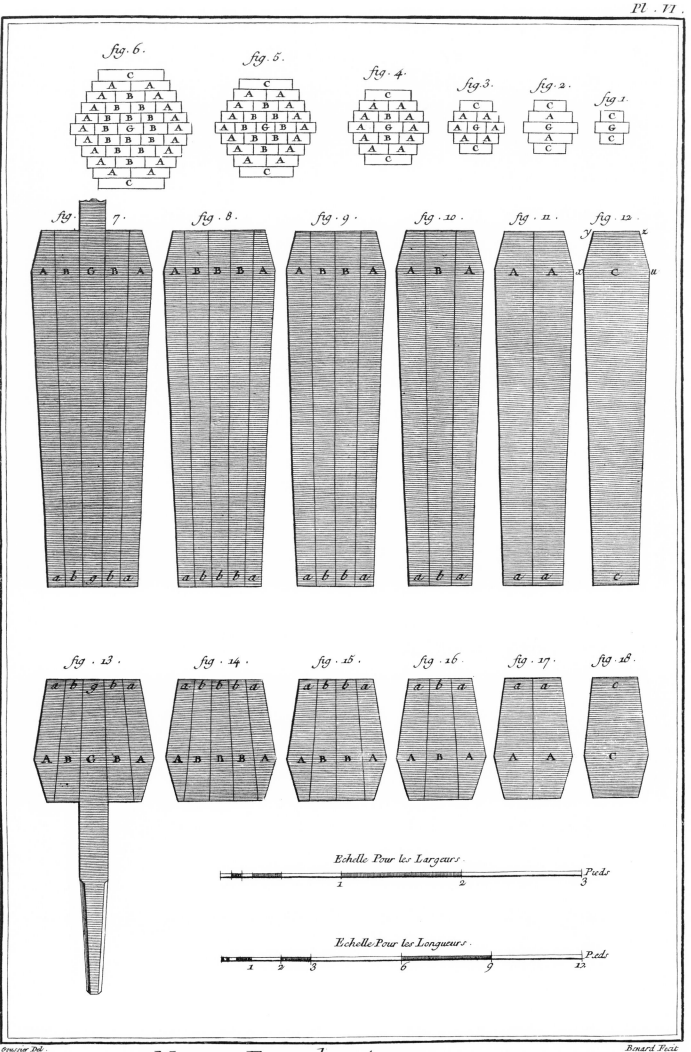

Pl. VI.

Goussier Del.

Benard Fecit

Marine, Forge des Ancres.

Configuration des Paquets de Verge et de Bras et des Barres qui les Composent pour Ancres de differens Poids.

Pl. VII.

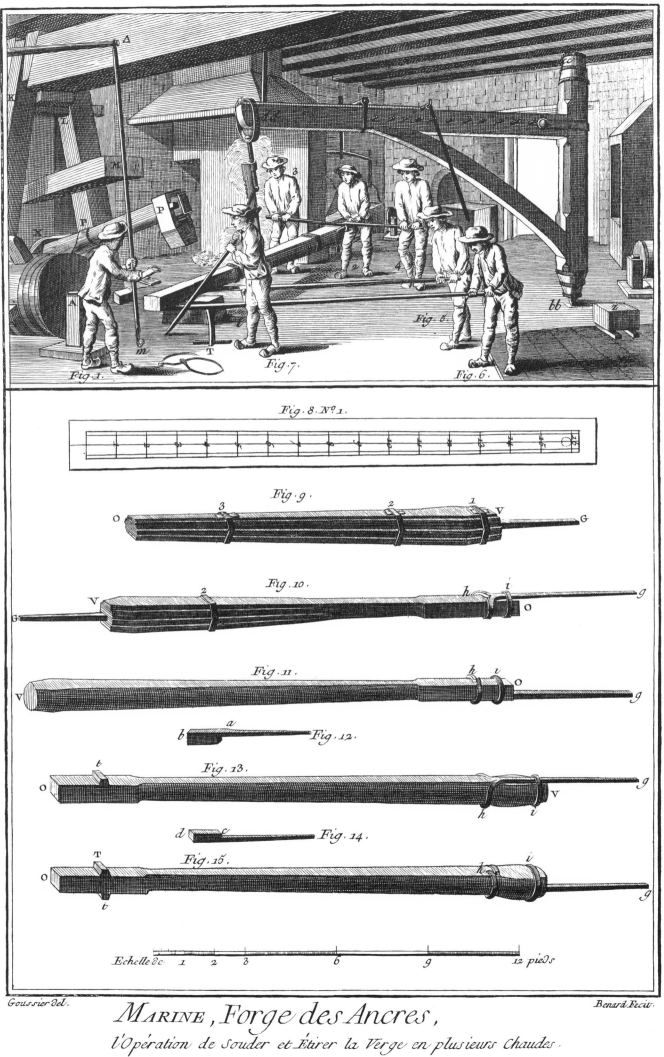

Fig. 1.   *Fig. 7.*   *Fig. 6.*

Fig. 8. N° 1.

Fig. 9.

Fig. 10.

Fig. 11.

Fig. 12.

Fig. 13.

Fig. 14.

Fig. 15.

Echelle de   1   2   3   6   9   *12 pieds.*

Goussier del.   Benard Fecit.

MARINE, *Forge des Ancres,*

l'Opération de Souder et Étirer la Verge en plusieurs Chaudes.

Pl. VIII.

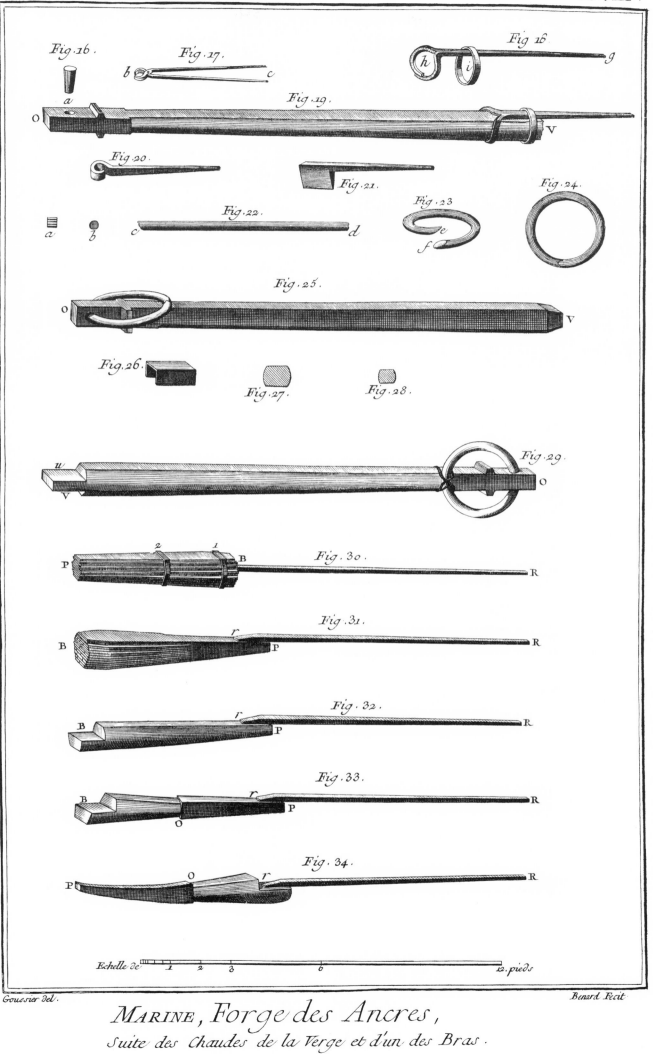

Fig. 16. Fig. 17. Fig. 18. Fig. 19. Fig. 20. Fig. 21. Fig. 22. Fig. 23. Fig. 24. Fig. 25. Fig. 26. Fig. 27. Fig. 28. Fig. 29. Fig. 30. Fig. 31. Fig. 32. Fig. 33. Fig. 34.

Echelle de 1 2 3 6 12 pieds

Goussier del.

Benard Fecit

MARINE, Forge des Ancres,
Suite des Chaudes de la Verge et d'un des Bras.

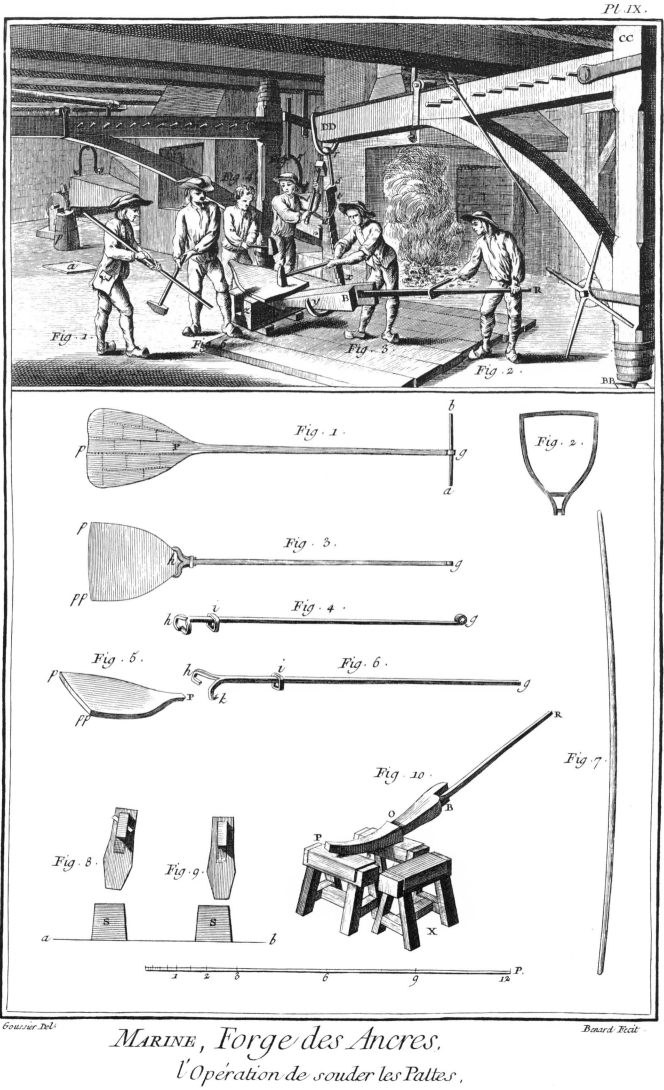

Pl. IX.

Marine, *Forge des Ancres*,
l'Opération de souder les Paltes.

Goussier Del.

Benard Fecit.

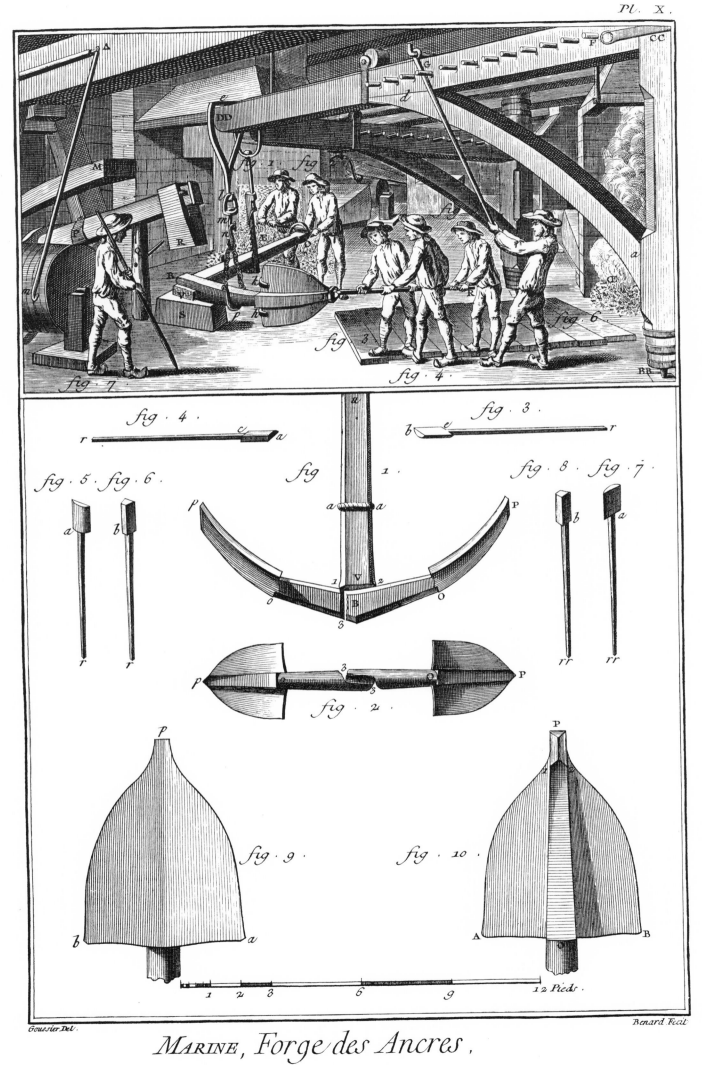

Pl. X.

MARINE, *Forge des Ancres*,
l'Opération d'Encoler le premier Bras.

Goussier Del.

Benard Fecit.

Pl. XI.

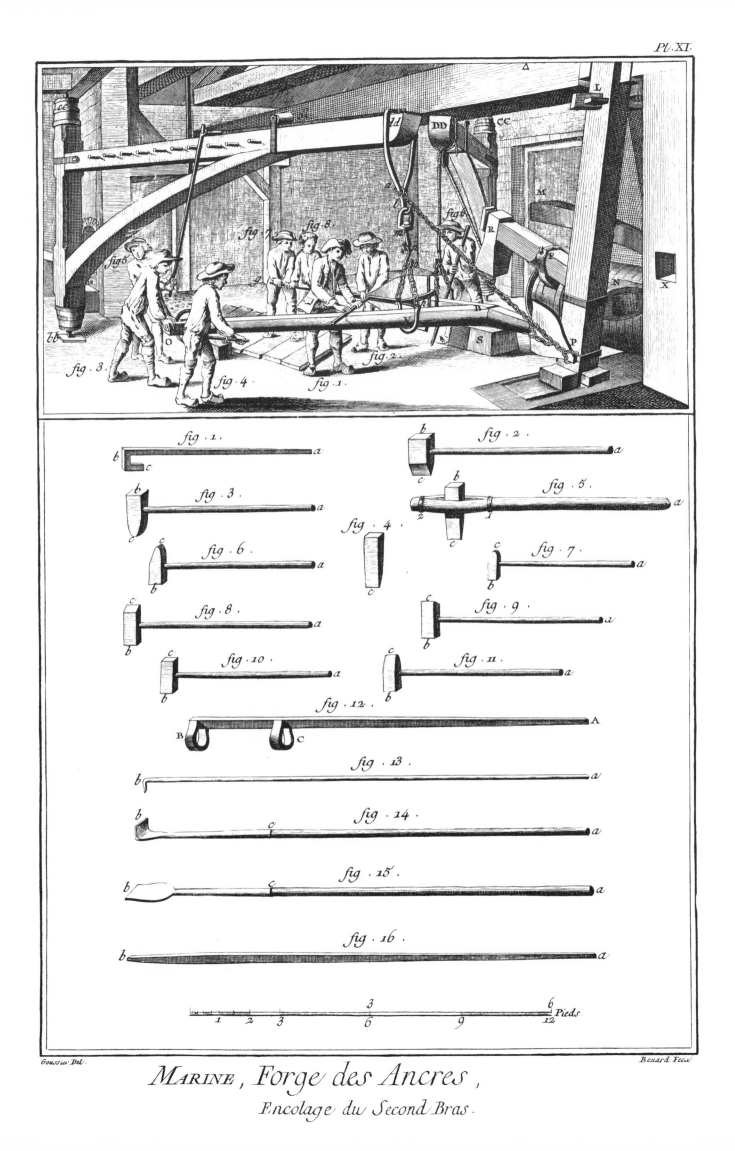

Benard Fecit

MARINE, Forge des Ancres,
Encolage du Second Bras.

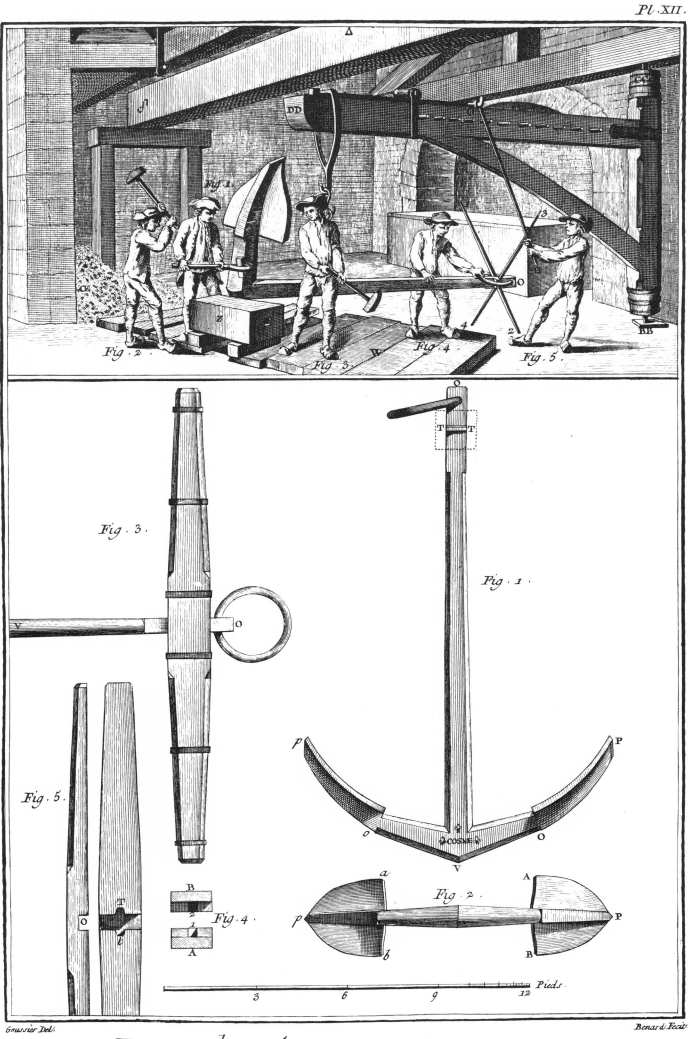

Pl. XII.

Fig. 1.

Fig. 2.

Fig. 3.

Fig. 4.

Fig. 5.

Fig. 3.

Fig. 5.

Fig. 1.

Fig. 4.

Fig. 2.

COSNE

Pieds.

3   6   9   12

Gussier Del.

Benard Fecit.

MARINE, *Forge des Ancres, Opération de Parer.*

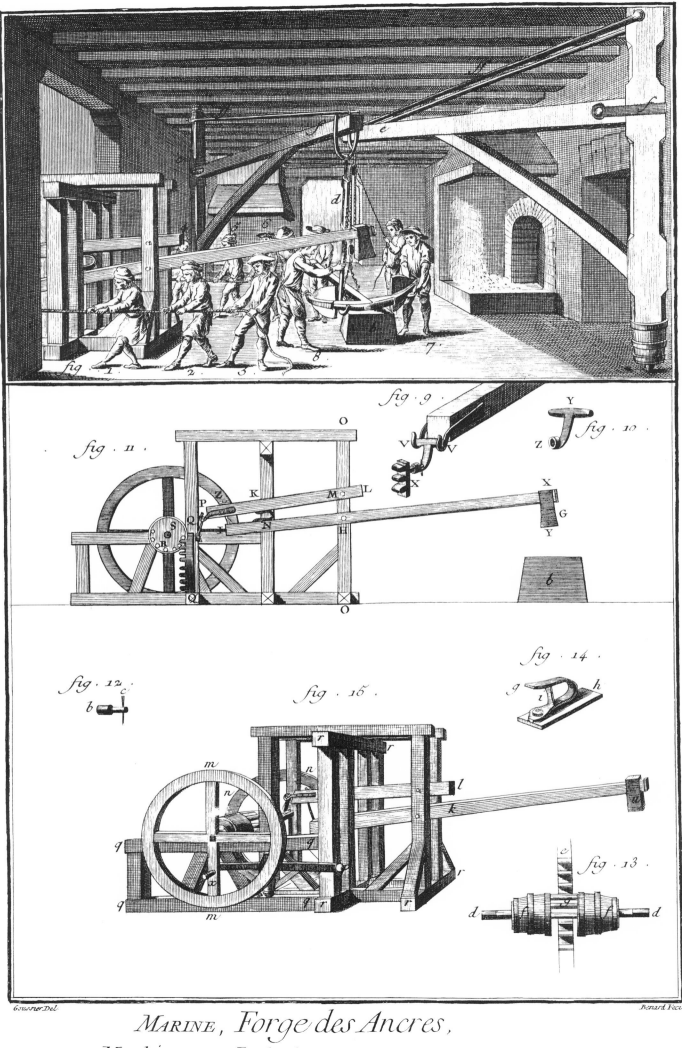

Pl. XIII.

MARINE, *Forge des Ancres,*
Machine pour Radouber les Ancres dans les Ports.

Achevé d'imprimer
par MAME Imprimeurs à Tours
Dépôt légal : mars 2002 (N° 02012037)